Série :

MULTIPLICATEUR DE RICHESSES

MENTALITÉ FINANCIÈRE : ÉPARGNER OU INVESTIR

JEAN PAUL TSHIBANGU

BOW Media, Atlanta, 2025

Mentalité financière : épargner ou investir.

BOW Media, Atlanta, 2025

Dédicace

Je dédie ce livre à mon père, Anaclet Kaniki Nkashama, qui m'a enseigné et formé dès mon plus jeune âge à ne jamais me contenter du minimum.

Il a forgé en moi le caractère de travailler sans attendre d'évaluation ou d'audit externe.

Remerciements

Ma gratitude va à Dieu Tout-Puissant, par l'intermédiaire du Saint-Esprit, source de mon inspiration et des révélations contenues dans ce livre.

Mes remerciements s'adressent également à mon épouse, Ange Tshibangu, pour son soutien et ses observations pertinentes qui ont contribué à l'amélioration de cet ouvrage.

Je tiens à exprimer ma reconnaissance à toutes les personnes impliquées dans la finalisation de ce travail. Parmi elles, le Docteur Jean Pierre Kazongo, le Pasteur Daniel Kalonji, Monsieur Guekaya, Tanielle Mujidila Tshibangu, ainsi que Jason Amla de WithJas, pour leurs commentaires, leurs corrections et leur édition du livre.

Acronymes

BDS : Bible du Semeur

BEX : Bible Expliquée

BFC : Bible en Français Courant

FRDBY : Darby en Français

FMAR : Martin

LSG : Louis Segond

NEG79 : Nouvelle Edition de Genève 1979

NFC : Nouvelle Français Courant

PDV : Bible Parole de Vie.

Sauf indication contraire, toutes les citations bibliques sont tirées de la version Louis Segond.

TABLE DES MATIÈRES

Introduction

Après avoir exploré, dans le premier livre de cette série, les fondements du modèle divin du travail, ainsi que la libération de la pauvreté comme l'une des conséquences de l'œuvre rédemptrice de Jésus-Christ.

Il est pertinent de se concentrer dans ce deuxième livre de la série sur les principes de l'épargne et de l'investissement accompagnant la mentalité financière afin d'en déduire les grandes responsabilités du chrétien.

Le Seigneur Jésus-Christ a consacré une grande partie de ses enseignements aux lois et aux principes de l'épargne et de la multiplication des richesses.

Cependant, la connaissance de ces lois et principes soulève plusieurs questions, auxquelles il convient de répondre dans cet ouvrage, afin que le chrétien puisse rendre des comptes au Roi des Rois, qui nous a confié les ressources nécessaires à une gestion adéquate de son Royaume.

- Quels sont les avantages et les inconvénients de l'épargne ?
- Quels sont les avantages de l'investissement ?
- En quoi consiste la mentalité de l'investisseur ?

- Qu'est-ce que la mentalité ou l'esprit du désert ?
- Quelle est la mentalité de la fourmi ?
- Comment préparer sa retraite et faire face à l'avenir ?
- Quelle est la place de la grâce dans le travail ?
- Quelles sont les différentes composantes du salaire et comment les gérer ?
- La dîme, est-elle sous la loi ou reste-t-elle applicable aujourd'hui ? Sur quels principes repose-t-elle ?
- Comment mettre en œuvre le modèle divin du travail, et quels sont les outils et mécanismes à utiliser ?
- Quels sont les défis et les obstacles à la réalisation de la vision et à l'atteinte de la richesse ?

Le deuxième livre de la série multiplicateur de richesses est un long exercice visant à répondre aux questions soulevées précédemment.

Les chapitres exposent les principes et les lois de l'épargne et de l'investissement, précisant comment Dieu nous invite à adopter une mentalité qui garantit la multiplication de toutes les ressources qu'il met à notre disposition. Pour y parvenir, il faut s'éloigner de la mentalité consumériste du désert, qui ne prend pas en compte l'avenir.

Pour obtenir des résultats exceptionnels, nous avons également besoin de la grâce de Dieu dans le modèle divin, ainsi que des principes de travail, afin d'atteindre des résultats qui ne dépendent pas seulement de nos efforts, mais qui sont aussi attribuables à sa faveur.

Il est important de comprendre les différentes composantes du salaire pour mieux travailler et savoir ce qui revient à Dieu. Ce livre traite également des principes qui régissent la dîme dans la nouvelle alliance. Nous donnons la dîme dans la nouvelle alliance en nous basant, entre autres, sur le principe de la proportionnalité, en évitant tout excès.

La vision, à travers l'imagination, ainsi que les projets, sont des outils à notre disposition pour favoriser la multiplication et l'investissement malgré les défis, tels que les dettes.

Ce livre apporte des réponses détaillées à toutes ces questions en se basant sur les principes développés de la Genèse à l'Apocalypse.

Chapitre I

Lois et principes sur l'épargne

Il convient tout d'abord de rappeler que l'épargne consiste à accumuler ou ajouter des gains que l'on peut conserver en vue de répondre à des besoins futurs et imprévus. Souvent, l'épargne est considérée comme une activité positive et une garantie pour l'avenir. Cependant, il est important de dégager quelques principes ou lois à la lumière de l'enseignement de Jésus dans **la parabole de Matthieu 25.**

L'épargne est une forme de paresse

« Alors, j'ai pris peur et je suis allé cacher ton argent dans la terre. Voilà : prends ce qui t'appartient. » Mais son maître lui répondit : « Vaurien ! Fainéant ! Tu savais que je moissonne là où je n'ai rien semé et que je récolte là où je n'ai pas répandu de semence ! Eh bien, tu aurais dû placer mon argent chez les banquiers et, à mon retour, j'aurais récupéré le capital et les intérêts. **» Matthieu 25 : 25 - 27 BDS.**

En ce qui concerne l'argent, celui qui se limite à épargner est un paresseux. Il n'investit aucun effort ni travail dans la préservation de ses gains. La simple conservation ne requiert ni grande intelligence ni sagesse. Garder constitue le minimum d'actions que l'on puisse entreprendre avec ce que l'on a reçu, mais cela n'engendre aucune transformation significative.

Puisque la conservation ne demande pas d'effort ni de travail, on peut la considérer comme une forme de paresse financière.

Dans la parabole, le maître a durement réprimandé celui qui avait simplement gardé le talent, car cet argent aurait pu être investi et produire un double de talents. L'épargne est une forme de paresse, car ce que nous avons, nous devons plutôt travailler à le multiplier ou nous assurer qu'il travaille pour nous.

Épargner ce qu'on aurait dû investir est un gaspillage des ressources

Si tu épargnes de l'argent, tu ne fais qu'ajouter à ce que tu as déjà, mais si tu investis de l'argent, tu permets à ton capital de se multiplier et ainsi d'assurer ta richesse future.

Il ne faut donc pas commettre l'erreur d'épargner ce que Dieu attend que tu investisses.

Quel gaspillage que d'épargner ce qui doit se multiplier. L'épargne détruit le potentiel multiplicateur de tout ce qui est censé être investi.

L'épargne assure ta survie pour demain, mais ne te garantit pas ta richesse future

Une fois que tu auras épuisé ton épargne, tu n'auras plus rien pour subvenir à tes besoins. Il te faudra recommencer à travailler dur. L'épargne seule n'est pas la meilleure solution.

L'épargne va te garder juste dans le mode de survie pour une courte période, mais après il te faudra avoir de quoi garantir la continuité de la richesse ou des ressources.

L'épargne garantit la sécurité financière à court terme, mais ne garantit pas la richesse à long terme.

L'épargne garantit ta consommation future pour un temps limité, mais ne te garantit pas un salaire pour l'avenir

Il te faudra trouver une autre source de revenus pour maintenir ta production, sinon ton épargne s'épuisera et tu te retrouveras sans quoi te nourrir. Le meilleur aspect de l'épargne est qu'elle constitue une garantie en cas de crise et de situations imprévues, mais en aucun cas elle ne peut garantir à long terme ce dont tu as besoin pour vivre confortablement en faisant face à toutes les charges futures, qu'une rémunération adéquate seule peut assurer.

Ton épargne est épuisable

Une fois que tu auras consommé ce que tu as mis de côté, il ne te restera plus rien pour vivre. En effet, ton épargne n'a pas la capacité de se multiplier comme l'investissement.

À ce titre, elle est épuisable, limitée et destinée à être un soutien en cas de crise, finissant par s'épuiser. Si la crise perdure pendant longtemps, il sera difficile pour ton épargne de continuer à répondre à tes besoins.

La conséquence est que tu ne peux pas uniquement compter sur ton épargne pour ton avenir. Il est préférable d'assurer la croissance par l'investissement, la seule et meilleure garantie de longévité pour l'avenir.

Puisque l'épargne est limitée, il est nécessaire de lui trouver une alternative sous forme d'investissement, garantissant la continuité grâce à la multiplication, tout comme une graine.

L'épargne est destinée aux crises et non à la vie

Ton épargne est destinée à faire face aux urgences, aux crises et aux évènements imprévus, mais elle ne pourra jamais garantir une longue vie. Joseph avait prévu de mettre de côté pour les sept années de sècheresse, mais si celle-ci avait persisté, il y aurait eu une pénurie alimentaire à la huitième année. L'épargne ne peut pas garantir une survie au-delà d'une crise.

L'épargne ne peut être consommée que sur une durée limitée

Son objectif n'est pas d'assurer une longévité, et quelle que soit la quantité, elle ne pourra pas subvenir à tous les

Chapitre II

Lois et principes sur l'investissement

Il convient de mettre en évidence les lois et les principes qui régissent la multiplication ou l'investissement en fonction de cette parabole des talents. Il sera intéressant de comparer ces principes ou lois à ceux qui gouvernent l'épargne.

L'investissement assure ton salaire futur

Investir équivaut à sécuriser son salaire de demain, assurant ainsi une continuité de consommation pour le futur. Sans investissement, l'homme devra continuer à travailler de la même manière pour être sûr de continuer à recevoir un salaire.

Un investissement est capable de générer un salaire sans que tu aies besoin de continuer à travailler de la même manière, alors que l'épargne assure une consommation pour une durée limitée. Ainsi, l'investissement te garantit un salaire durable qui assure la consommation.

Ton salaire de demain dépend de ton investissement d'aujourd'hui.

L'investissement te dispense de travail et d'efforts futurs

Nous travaillons durement aujourd'hui pour ne pas avoir à continuer de la même manière dans le futur.

Il est évident qu'à un certain âge, disons aux alentours de 50 ans, vous n'aurez plus la même énergie et la même force pour continuer à produire de la même manière.

Si vous comptez uniquement sur votre force, elle risque de vous faire défaut. Votre corps ne pourra plus répondre.

J'ai vu des personnes travaillant dans des entrepôts être licenciées ou remerciées pour des problèmes de dos et devenir inaptes à certains travaux, en particulier les travaux manuels. Comme ils n'ont pas eu le temps d'investir dans les études ou dans leurs propres affaires, ils n'ont plus eu d'alternatives.

Il est évident que si vous exercez ce type de travail, il est nécessaire d'investir afin de ne pas avoir à continuer à travailler de la même manière. La sagesse consiste à investir une partie de son salaire afin qu'à un certain moment, vos investissements vous garantissent un salaire pour l'avenir.

Ce que tu multiplies ou investis, te garantit la richesse

Le salaire n'est pas le meilleur moyen de devenir riche, car il ne fournit que le minimum nécessaire pour vivre. En revanche, si tu investis ou multiplies une partie de ton salaire, il est fort probable que cela génère de la richesse.

L'investissement est le meilleur moyen de créer de la richesse

Vivre avec la mentalité de salarié ne te permettra pas de produire de la richesse. Beaucoup de fonctionnaires ont cette mentalité

Ils sont certains de ne pas perdre leur emploi de carrière, et ils savent qu'ils auront une pension à un certain âge.

Nous verrons que de cette manière, tu ne pourras jamais garantir un niveau de vie convenable, car la pension ne suffira jamais à couvrir tous tes besoins à la retraite. Travaille et adopte la mentalité d'un investisseur, et tu seras en mesure de générer des revenus pour l'avenir.

Ce que tu gagnes ne te garantit pas la richesse, c'est plutôt ce que tu investis

On le dit souvent : on ne peut pas devenir riche uniquement avec son salaire. Il est calculé pour subvenir à tes besoins, et si tu gagnes plus, c'est simplement pour que tu aies un niveau de vie supérieur, un autre standing. Il sera difficile de devenir riche avec ce que tu gagnes. Cependant, ce que tu investis, en se multipliant, peut te rendre riche. La portion de ton salaire que tu investis, a le potentiel de créer un autre revenu, un deuxième salaire, et même de la richesse. Tant que ton salaire n'est pas investi, ou que tes gains ne sont pas investis, oublie la richesse.

Si tu gagnes 1000$ par mois, cela te permet- tra de couvrir tes besoins mensuels. Mais si tu prends par exemple 300$ et que tu les investis en achetant des marchandises à revendre pour réaliser un bénéfice de 100$, après un an, tu pourrais obtenir 1200$ grâce à ton investissement. En travaillant pendant un an, tu pour- rais obtenir le salaire d'un mois. Tu peux faire encore plus, et après une bonne période, il sera possible de ne plus travailler pour quelqu'un d'autre, mais d'avoir ton propre capital et de t'assurer un salaire. C'est juste un exemple basique.

Ce que tu gagnes est pour ta vie et ta consommation, tandis que ce que tu investis est pour ta richesse, ta postérité et ta progéniture également

Il est difficile de subsister uniquement avec l'argent ou les biens que tu as épargnés, car ce que tu gardes n'a pas la capacité de se multi- plier, tandis que ce que tu investis te permettra d'obtenir beaucoup plus sans avoir besoin de travailler assidûment. Un grain semé en terre meurt, puis germe pour produire un arbre qui porte des fruits contenant d'autres grains...

C'est ce que tu multiplies qui assure ta richesse

Dans ce que nous gagnons aujourd'hui, il y a une partie qui a le potentiel de se multiplier. Si tu te contentes seulement de consommer, tes jours futurs seront en danger. Dieu a voulu que tu puisses, en dehors de la consommation, veiller à ton futur par le biais de tes investissements. Tu ne peux pas te contenter de consommer ce que tu as en ta possession. Il est important de faire de tes gains un investissement, afin de garantir ton salaire de demain.

Ton salaire de demain dépend de ce que tu vas investir aujourd'hui. Tant que tu n'investis pas, ta consommation dépendra des décisions d'autres (employeurs) et non de toi-même.

L'épargne te permettra de survivre pendant une durée limitée, tandis que l'investissement te permettra de survivre aussi longtemps que ton investissement générera des revenus, sans que tu aies besoin de continuer à travailler comme au début.

Ta richesse ne dépend pas de ce que tu as épargné, mais plutôt de ce que tu as investi pendant les moments difficiles de la vie. Ce n'est pas l'épargne qui te rendra riche, mais bien l'investissement.

Ta richesse ne réside pas dans ce que tu as épargné, mais dans ce que tu as investi

Ce que tu as épargné n'a pas la capacité de se multiplier, mais seulement celle de se préserver.

Dieu confie à celui qui multiplie, car il est fidèle.

« Car à celui qui a, on donnera encore, mais à celui qui n'a pas, on ôtera même ce qu'il a. »
Matthieu 25 : 29

Chapitre III

La mentalité des investisseurs.

Dans la vie, tout dépend de notre mentalité, car c'est elle qui détermine notre manière de travailler, notre approche de l'administration et la gestion des ressources à notre disposition.

Certaines personnes ont une mentalité d'épargne, tandis que d'autres ont celle d'investissement. Les premières sont douées pour conserver ce qu'on leur donne, tandis que les secondes, que j'admire et à laquelle j'aspire à devenir, savent vraiment multiplier ce qu'ils reçoivent.

Voici les points importants que j'ai retenus sur cette mentalité et comment elle se manifeste dans notre manière de travailler :

Les épargnants travaillent pour amasser de l'argent, tandis que les investisseurs travaillent pour avoir de l'argent à investir ou à multiplier, afin de devenir financièrement indépendants. Un des meilleurs livres que je recommande sur la pauvreté et la richesse est celui de Robert Kiyosaki, intitulé *« Père riche, père pauvre ».* L'auteur exprime ce principe de la manière suivante : *« Les riches ne travaillent pas pour l'argent ; les pauvres et les classes moyennes travaillent pour l'argent ».*

À un moment donné, ma richesse ne devrait pas dépendre de mon employeur. Je devrais être en mesure de contrôler ma source de revenus.

Je travaille de manière que mes gains puissent générer de l'argent pour moi. À un certain stade, je devrais avoir de l'argent qui travaille pour moi, sans que je n'aie besoin de travailler. La meilleure façon de s'enrichir rapidement est de travailler par soi-même et d'avoir également de l'argent ou des ressources qui travaillent pour soi. Je rêve du moment où je pourrais, par exemple, me reposer pendant que mes ressources me rapportent un salaire plus élevé que celui que je gagne aujourd'hui.

Une fois que tu y es parvenu, tu peux prendre ta retraite du travail physique ou épuisant. Imagine, par exemple, posséder une maison ou des appartements qui te produisent des loyers chaque mois. Tout ce que tu as à faire, c'est attendre à la fin du mois et vérifier que le virement a été effectué. Le plus difficile est d'investir en construisant et d'être patient jusqu'à ce que cela rapporte. Ensuite, tu n'as plus aucun travail à faire pour faire fonctionner ce type de business, il suffit de bien entretenir la maison ou les appartements.

Si tu as contracté un prêt hypothécaire pour cela, tu devrais travailler pour le rembourser le plus tôt possible, ou du moins t'assurer qu'il génère des bénéfices et couvre les frais de l'hypothèque. Il te faudra de l'intelligence et de la sagesse pour voir comment cela peut être rentable.

Chaque fois que tu reçois ton salaire, tu devrais réfléchir à ce qu'il génère. Cet exercice devrait être un réflexe pour tout travailleur ou salarié, sinon tu perdras de l'argent. Certaines personnes ont une mentalité de consommateurs à outrance. **Je l'appelle la mentalité des salariés.**

Elles consomment ce qu'elles ont gagné pendant le mois, sachant qu'elles auront la même chose le mois suivant, et ainsi de suite. Elles perdent la capacité de réfléchir à comment tirer un sens plus significatif de leur salaire. Nous devrions toujours être en mesure de transformer notre salaire en une semence (ou une graine) qui produira autre chose.

Le principe du salaire-graine

Ce principe veut que ton salaire soit considéré comme une graine qui devra être semée, afin de te produire un autre salaire. Chaque salaire qui passe entre tes mains est une graine que tu devrais jeter par terre ; en d'autres termes, c'est un investissement qui devrait porter ses fruits. Tu devrais simplement savoir sur quel terrain tu dois semer ta semence ou ta graine ? Est-il fertile, rocailleux ou sec ? Ce sont des questions auxquelles tu auras des réponses après une étude approfondie et une analyse de la situation et du domaine dans lequel tu souhaites semer ta graine.

Robert Kiyosaki a dit : *« L'intelligence résout les problèmes et produit de l'argent. L'argent sans intelligence financière disparaît rapidement »*[1]

Dans la plupart des sociétés, les investisseurs sont toujours traités avec de nombreux avantages. Ils reçoivent beaucoup plus, car ils sont considérés comme ceux qui multiplient les richesses de la communauté.

Ces derniers temps, j'ai attentivement suivi de près les chiffres du chômage dans le monde et j'ai réalisé qu'ils touchent tout le monde sans exception, toutes les catégories de la population active.

Ils bénéficient donc d'avantages fiscaux. C'est ainsi que les personnes les plus riches payent moins d'impôts que les classes moyennes ou les pauvres. Une dichotomie n'est-ce pas ? C'est une réalité découlant de la reconnaissance des investisseurs dans la société.

« Tous les gouvernements favorisent les investisseurs et les propriétaires d'entreprises. Ceux-ci paient très peu de taxes. »[2]

En ce qui concerne les investissements, les banques savent nous exploiter avec notre propre

---

[1] Principe développé par Robert Kiyosaki dans son livre Rich Dad Poor Dad.

[2] Robert Kiyosaki, Rich Dad, poor Dad, Plata Publishing, 2017 p.37

argent. Elles nous incitent à le garder dans un compte d'épargne et nous le prêtent avec un taux d'intérêt de plus de 10%.

Quelle folie de conserver son argent dans un compte d'épargne ? Investis-le !

Ton argent est utilisé contre toi par la banque, simplement grâce à son intelligence. Tu peux faire exactement ce que fait la banque et avoir autant d'argent qu'elle. Cela dépend uniquement de ton intelligence et de tes investissements. Le même auteur précité nous propose une manière de conserver notre argent.

« La meilleure façon de conserver ton argent est de le rendre productif en l'investissant plutôt que de le laisser inactif dans une épargne avec un taux d'intérêt décidé par quelqu'un d'autre. La banque utilise ton argent en le gardant dans les dépôts pour te le prêter avec un taux d'intérêt de plus de 10%, alors qu'avec ton épargne, tu ne peux pas gagner 3% sur cette somme »[3]

L'investisseur est un preneur de risques, tandis que l'épargnant est un peureux. L'investissement comporte des risques, car on ne sait pas d'emblée combien on va gagner.

C'est un monde d'incertitude, d'inconnu tandis que l'épargne ne demande aucun effort, c'est

---

[3] Idem.

simplement le fait de conserver sans impliquer beaucoup de sagesse ou d'intelligence.

L'investissement relève de la foi, tandis que l'épargne relève de la peur.

Le principe du risque comme base d'investissements

« Engage-toi dans une affaire, même en courant des risques, un jour tu peux y retrouver ton compte. » **Ecclésiaste 11 :1 BFC**

« N'hésite pas à prendre des risques, à la fin, tu pourras obtenir de bons résultats. » PDV

Le sage donne un principe très important dans le monde des affaires. Le risque est en réalité du domaine de la foi, car on croit que l'affaire dans lequel nous nous engageons marchera fortement ou produira des résultats escomptés. Il est important de savoir courir le risque dans les affaires, c'est une des clefs de la réussite. Le manque de risque dans les affaires te pousse à épargner à cause de la peur.

Le risque dans le monde des affaires est ce que la foi dans le monde spirituel. Toute peur engendre de résultats négatifs ou ce que l'on craint. Ce que nous craignons ou ce dont nous avons peur, nous arrive, dans ce cas la perte mais ce que nous ne craignons, en l'espèce le profit ou le bénéfice, nous allons l'avoir.

La peur ou le manque de risque est l'ennemi numéro un des investissements ou du monde des affaires.

La diversification des investissements comme clé de la sécurité et de la protection

« Bien plus, investis ton argent dans plusieurs affaires, car tu ne sais jamais quel malheur peut arriver sur la terre » **Ecclésiaste 11 :2 BFC.**

« Mais ne mets pas toutes tes richesses au même endroit, car tu ne sais pas quel malheur peut arriver sur la terre. » **PDV**

Nous devons savoir que la diversification des investissements ou des affaires est une manière de mitigation des vrais et réels risques évoqués précédemment. Investir ton argent dans plusieurs affaires t'assure que si un malheur frappe un domaine tu pourras subsister dans d'autres affaires. Le sage prévoit la possibilité qu'un malheur puisse arriver surtout qu'il y a des famines, des calamités naturelles, des crises, des changements et même de l'inflation capables d'affecter nos affaires et investissements.

Investis ton argent dans plusieurs affaires quand tu ne sais jamais ce qui va rapporter vite et plus tôt. Et aussi ne place pas non plus ta richesse dans un même endroit car tu ne sais jamais ce qui peut arriver sur terre.

Sois un investisseur permanent et garde cette mentalité toute ta vie. « jette ton pain le matin, le soir ». Le sage veut juste dire qu'il faut que cette mentalité nous caractérise de manière permanente. Autant la mentalité doit être permanente autant la diversification des affaires devrait être aussi permanente. Il est difficile peut être pour nous de connaitre les actions de Dieu sur nos affaires, c'est ainsi que compter sur Dieu implique de s'attendre à lui lorsque nous mettons notre argent dans plusieurs affaires.

La diversification des affaires ou des investissements est un moyen de protéger ses richesses ou ses biens. La répartition des biens en plusieurs parts, assure en cas de malheur sur la terre, certaines parts seront épargnées.

Faire confiance à Dieu pour la sagesse en matière d'investissements

Il est clair que contrairement à l'époque du Sage où le Saint Esprit n'habitait pas dans les gens, aujourd'hui nous il habite en nous, il est capable de nous inspirer la pensée de Dieu dans tous les domaines y compris celui des affaires ou des investissements. Que Dieu nous donne aujourd'hui de savoir où investir ou mettre notre argent.

Je conserve mon argent pour éviter le risque de le perdre, alors qu'en investissant, je crois que ce que j'investis produira certainement des résultats. Je ne vois pas immédiatement les fruits de mes investissements, car ils se transforment pour donner d'autres revenus, alors qu'avec l'épargne, je préfère voir l'argent que j'ai mis de côté.

Les meilleurs investissements sont ceux qui peuvent générer des revenus sans ta présence, ceux qui fonctionnent de manière autonome. Tout individu doit être préparé à faire face au chômage ou à vivre sans emploi, que ce soit dans des moments difficiles ou lorsqu'il ne sera plus en mesure de travailler pendant sa retraite. Et la meilleure façon de s'y préparer est d'avoir des investissements qui travaillent pour vous.

Demain, nous n'aurons pas la même force ou vigueur qu'aujourd'hui. Si nous n'investissons pas, nous serons à la merci des circonstances.

De plus, il ne faut jamais oublier que nos besoins de demain seront plus nombreux que ceux d'aujourd'hui, et donc le seul salaire ou la seule retraite ne pourra les couvrir.

Je vois des hommes et des femmes qui ont travaillé pendant longtemps, mais qui pour diverses raisons, deviennent chômeurs et doivent désormais dépendre des institutions d'aide aux chômeurs ou encore des allocations de chômage.

Il y a des personnes qui sont passées d'une vie moyenne à la pauvreté du jour au lendemain. Tout individu travaillant pour une entreprise privée ou publique n'est pas à l'abri du chômage, car la prospérité de son entreprise dépend en grande partie des décisions d'une autre personne. En d'autres termes, lorsque tu travailles pour quelqu'un ou une entreprise, ta richesse dépend entièrement de cette personne ou de ses décisions.

Par exemple, aux États-Unis entre 2008 et 2016, en raison des politiques environnementales et des énergies renouvelables promues par les Démocrates, à la suite des décisions prises par l'administration Obama, les travailleurs du secteur du charbon ont perdu leur emploi et beaucoup ont sombré dans la pauvreté. Cependant, certains de ces mêmes travailleurs, pendant le mandat de Donald Trump entre 2016 et 2020, ont pu reprendre leur activité et prospérer à nouveau, avant d'être de nouveau confrontés à la pauvreté en raison de la pandémie de la COVID-19.

Notre richesse dépend donc de circonstances volatiles, et elle ne devrait en aucun cas dépendre d'une personne, sinon nous serons constamment à la merci des aléas et des décisions des autres.

Aux États-Unis, il existe des secteurs où la richesse des individus dépend des politiques mises en place par les partis au pouvoir, qu'il s'agisse des démocrates ou des républicains, en fonction de leur soutien aux investissements ou aux avantages et bénéfices sociaux.

Je refuse que ma vie dépende des décisions des autres, que ce soit dans un sens ou dans l'autre. Il y a des personnes qui ont un emploi avec ce gouvernement et qui risquent de le perdre demain simplement en raison d'un changement politique.

Si tu travailles pour quelqu'un d'autre ou pour un employeur, ta richesse dépend de lui

Ce que tu gagnes dépend de l'existence et du bon fonctionnement de l'entreprise. Le jour où celle-ci fait faillite, tu seras limité et tu manqueras des moyens de subvenir à tes besoins. Or, de nombreux paramètres influencent la stabilité d'une entreprise ou d'un emploi.

En revanche, si tu réinvestis ce que tu gagnes (ton salaire), ta richesse dépendra de tes investissements, donc de toi-même et non d'une autre personne.

Si tu travailles pour toi en investissant, tu n'auras pas besoin de travailler pour quelqu'un dont tu seras dépendant. Tu pourras désormais travailler pour toi-même.

Investis ce que tu gagnes aujourd'hui afin que demain tu puisses être ton propre employeur et que ta richesse dépende de toi-même. Peu importe ce que tu épargnes, cela ne te permettra pas de couvrir tous tes besoins de demain.

Il est important de noter que ta productivité de demain sera fonction de tes investissements d'aujourd'hui, que ce soit sur le plan financier, éducatif, de formation, d'expertise ou même dans ton ministère.

Ce qui concerne ton avenir ne peut être dissocié de ton présent. (Voir Joseph et Pharaon dans Genèse 41)

1. Nos besoins de demain seront plus nombreux (importants) que nos besoins d'aujourd'hui.

2. Demain, nous n'aurons pas la même force ou vigueur qu'aujourd'hui. Si nous n'investissons pas, nous serons à la merci de circonstances.

3. Notre nourriture de demain dépendra davantage de notre travail d'aujourd'hui, car demain nous n'aurons pas la même force pour travailler.

4. Notre retraite ne serait pas sécurisée, si nous n'avions pas investi pendant notre vie active, car les circonstances et nos besoins auraient changé. Notre retraite n'est pas calculée en fonction de besoins futurs et du pouvoir d'achat à venir. En revanche, si tu as investi, par exemple, dans une propriété locative, tu pourras ajuster le loyer en fonction des conditions économiques du moment.

De même, si tu travailles dans la vente de services et de biens, tu pourras adapter tes prix en fonction des circonstances actuelles. Au contraire, le montant de la retraite continuera de se déprécier et la monnaie se dévaluera certainement.

Dieu ne peut pas changer certaines choses concernant ton avenir

Il y a des choses qui concernent ton avenir que Dieu ne peut pas empêcher ; Il ne peut pas empêcher certaines saisons, Il ne peut pas empêcher la vieillesse ; il faudra les affronter ; donc il faut se préparer.

À cause des principes que Dieu lui-même a instaurés, il y a des choses que Dieu ne peut pas changer, et nous devrons les affronter à tout prix. Pourquoi Dieu n'a-t-il pas pu empêcher la sécheresse de frapper l'Égypte ou Israël, afin que son peuple ne souffre pas ? Cependant, Dieu a voulu que son peuple prenne des dispositions pour faire face à cette saison de sécheresse.

Dieu ne peut pas empêcher :

- Le changement de saisons, Il les a établies pour le cycle naturel,
- La croissance,
- La vieillesse,
- La mort physique sur terre, sauf dans des cas exceptionnels comme celui d'Élie et d'Enoch. Ce sont des cas rares, mais Dieu respecte ce principe.

La seule référence que nous devrions avoir de notre passé devrait être la louange et la sagesse que nous pouvons en tirer.

Voici quelques actions potentielles et réflexions sur ton passé, ton présent et ton futur :

1. Peux-tu agir sur ton passé ? Non

2. Peux-tu changer ton passé ? Non

3. Peux-tu agir sur les résultats de ton passé ? Non

Pour toutes ces choses, nous devons seulement nous préparer à les affronter, car nous ne pourrons pas échapper à ces situations. Prions Dieu pour qu'il nous aide à nous préparer au changement des saisons, car il est sage de se préparer pour l'hiver, l'été, le printemps...

« À la saison froide, le paresseux ne laboure pas, au temps de la moisson, il cherche à récolter, mais ne trouve rien » **Proverbes 20 : 4 BDS**

Je fais mienne cette affirmation de l'Archevêque Diamant Kalonji qui a l'habitude de dire : « le changement est la seule chose constante dans la vie, il est permanent. »

Ton passé ne doit pas affecter ton présent, mais ton futur sera inévitablement influencé par ton présent. C'est pourquoi il est important de prendre de bonnes décisions dans le présent.

Le passé a une particularité : tu ne peux jamais le récupérer, l'homme ne peut rien y faire.

L'homme ne peut plus agir sur le passé, mais celui-ci peut influencer le présent et le futur de l'homme en raison de ses conséquences.

L'homme ne peut plus rien changer à son passé, mais lui peut agir sur son présent et son futur.

La responsabilité de l'homme est de limiter l'impact de son passé sur son présent ou son futur, à l'exception de la sagesse qu'il a acquise grâce à son passé. Pour le reste, il ne faut pas s'y attarder. Tu ne peux rien faire contre ton passé, mais lui peut exercer une mauvaise influence sur ton présent, que tu peux contrebalancer en abordant ton présent de la meilleure façon possible.

4. Quels effets négatifs ton passé peut-il avoir sur toi ? Te démotiver, te décourager, te faire culpabiliser, te limiter.

5. Quels enseignements positifs peux-tu tirer de ton passé ? Tirer des leçons, acquérir de la sagesse, louer Dieu pour ce qu'il a fait ou accompli.

6. Qu'est-ce que tu peux faire dans ton présent ? Tout.

7. Qu'est-ce que tu peux changer dans ton présent ? Tout.

8. Qu'est-ce que tu peux faire concernant les résultats de ton présent ? Tout.

9. Qu'est-ce que tu peux faire pour ton futur ? Tout

10. Qu'est-ce que tu peux changer dans ton futur ? Tout.

11. Qu'est-ce que tu peux faire concernant les résultats de ton futur ? Tout.

Ces questions et réponses sont fondamentales pour te faire prendre conscience qu'il est essentiel de consacrer beaucoup plus d'énergie et de temps à ton présent et à ton futur qu'à ton passé, car tous tes résultats d'aujourd'hui et de demain en dépendent. Il y a beaucoup plus de négatif à tirer de ton passé que du positif.

Il est préférable de prendre de bonnes décisions et d'agir dès aujourd'hui en prévision de demain.

Mieux décider et agir aujourd'hui pour demain

Notre responsabilité consiste donc à rechercher la sagesse qui nous permettra d'intégrer notre avenir dans les décisions d'aujourd'hui. Celui qui a une vision ou une idée de son avenir peut influencer ses méthodes de travail ou adapter ses décisions actuelles en fonction de ce qui l'attend demain.

La chose la plus terrible est de vivre aujourd'hui sans tenir compte de demain

Il est absurde de croire que l'on subira son futur ou son avenir sans en attendre quelque chose. Si tu veux influencer ton avenir, tu dois en tenir compte dans tes décisions d'aujourd'hui. Mais si tu ne connais pas ton avenir, que feras-tu aujourd'hui ? Il est donc impératif d'avoir une vision de ton avenir ou au moins une idée générale de ce qui t'attend demain.

Il est préférable de travailler aujourd'hui pour un bon avenir. Notre nourriture de demain dépend davantage de notre travail d'aujourd'hui, car demain nous n'aurons pas la même force de travail.

La manière dont nous travaillons aujourd'hui déterminera ce que nous mangerons demain. À certains moments de notre vie et compte tenu de notre âge, nous ne pourrons pas avoir les mêmes capacités de travail. L'âge ne nous permettra plus d'avoir la même force pour travailler.

Par conséquent, notre production de demain dépend du travail d'aujourd'hui.

Tu ne pourras pas compter sur ta pension de retraite, car elle sera insuffisante. Tes besoins de demain seront plus nombreux que ceux d'aujourd'hui ; ce que tu recevras ne pourra pas t'aider à bien vivre, c'est pourquoi il est absolument nécessaire de travailler et d'investir si tu veux vivre mieux demain.

1. Si tu ne peux pas garantir, par ton investissement d'aujourd'hui, ton salaire de demain sans travailler, tu es sur le chemin de l'échec.

2. Ignorer de planifier en fonction des défis de demain, c'est affronter l'avenir sans armes.

3. Celui qui a de la liquidité en période de crise est en position de force. Joseph avait de l'argent et du blé en période de crise ; le blé lui permettait de manger et l'argent lui permettait d'acheter ce dont il avait besoin, même s'il n'était pas en Egypte.

4. Nous devons répartir nos investissements dans plusieurs activités, car il est risqué de les concentrer dans un seule activité. Si un domaine est affecté, nous pourrons nous en sortir avec les autres.

5. Il y a des choses qui échapperont toujours à notre planification. Nous devrions être prêts à y faire face dans notre vie. Dieu fait aussi des choses à notre insu...

6. La richesse est un processus qui prend beaucoup de temps, mais celle qui est acquise rapidement diminuera.

7. La sagesse crée et aide à inventer des choses, tandis que l'intelligence établit les choses ; la science aide à comprendre le fonctionnement des choses. Dieu utilise les trois aspects (intelligence–science–sagesse) pour agir.

Chapitre IV

Esprit ou mentalité du désert.

Le désert est un terme et un lieu qui nous enseigne beaucoup de choses, non seulement en raison de ses conditions, mais également en raison des impératifs qu'il impose à ceux qui le parcourent. S'il faut le prendre dans le sens biblique, il est souvent considéré comme une transition nécessitant une attitude et jamais une destination. Les enfants d'Israël, pour atteindre leur terre promise, Canaan, sont passés par le désert tant au sens littéral que symbolique. C'est un endroit qui nous enseigne de précieuses leçons dans la vie, car tout homme a ses déserts ou ses moments difficiles dans la vie.

Il est important de parcourir quelques principes et vérités sur le désert.

Pour un enfant de Dieu, le désert a plusieurs significations, mais dans tous les cas, il n'est jamais la destination finale, il est transitoire et temporaire. Ainsi, il est essentiel d'adopter une attitude appropriée, car le désert peut influencer négativement notre mentalité.

Tout d'abord, en tant que lieu de transition, le désert nous apprend à dépendre complètement de Dieu. Nous ne pouvons pas y survivre seuls.

Nous avons besoin de Dieu pour la direction et la provision. Notre capacité de travailler y est limitée, car nous ne pouvons pas produire normalement.

C'est aussi un lieu où nous n'avons pas accès à tout ce dont nous avons besoin pour nous approvisionner. Ainsi, nous devons compter sur Dieu même pour les besoins les plus basiques de notre vie. Nous avons besoin de miracles ou de l'intervention surnaturelle de Dieu pour manger, car le travail seul ne le garantit pas. Les conditions du désert ne sont pas favorables à une bonne production.

C'est pourquoi, par exemple, Dieu a donné aux enfants d'Israël[4] la manne, les cailles, l'eau, et ils avaient besoin d'une colonne de feu la nuit et d'une nuée le jour pour leur indiquer le chemin. Le serpent d'airain était le remède contre les morsures des serpents du désert. [5] Dans le

---

[4] **Exode 16 : 4 - 5** *« Alors l'Eternel dit à Moïse : Regarde, je vais faire pleuvoir du ciel sur vous du pain ; le peuple sortira et en ramassera chaque jour la ration nécessaire. Je le mettrai à l'épreuve de la sorte et je verrai s'il se conforme ou non à mes instructions. Le sixième jour, il y en aura deux fois plus que les autres jours à ramasser et à apprêter. »*

[5] **Nombres 21 : 8 - 9 BDS** *« L'Eternel lui répondit : Fais-toi un serpent en métal et fixe-le en haut d'une perche. Celui qui aura été mordu et qui fixera son regard sur ce serpent*

combat, ils remportaient la victoire grâce aux armes de Dieu, et non aux leurs.

Après le désert, les enfants d'Israël ont accédé à Canaan, une terre où coule le lait et le miel, une terre fertile. Mais Dieu a veillé à ce que la génération de ceux qui avaient acquis une mentalité négative du désert ne puisse pas entrer dans la terre promise, de peur qu'ils ne portent avec eux une mentalité de plaintifs, de murmures et de nostalgie pour l'Égypte, où ils étaient esclaves. Des gens qui préféraient l'esclavage pour des concombres plutôt que la liberté dans la présence et la dépendance de Dieu, qui préféraient la nourriture plutôt que la délivrance du Dieu Tout-Puissant.

La mentalité du désert est temporaire. Il ne faut jamais l'amener à Canaan (terre promise), sinon vous continuerez à vous plaindre alors que Dieu vous a donné un travail, une terre fertile et des armes pour combattre. Il faut se rappeler que dans le désert, il était difficile de conserver ce que Dieu leur donnait car les conditions ne le permettaient pas. Par exemple, ils ne devaient consommer la manne et les cailles que pendant

---

aura la vie sauve. Moïse façonna un serpent de bronze et le fixa au haut d'une perche. Dès lors, si quelqu'un était mordu par un serpent, et qu'il levait les yeux vers le serpent de bronze, il avait la vie sauve. ».

une seule journée, et ils devaient attendre le lendemain pour en ramasser à nouveau.

Ceux qui adoptent cette mentalité dans le lieu où le temps de leur bénédiction ont souvent tendance à tout consommer, y compris ce qui leur permettrait de produire (la semence).

Ils consomment tout et s'attendent encore à un miracle de Dieu, comme dans le désert, oubliant qu'ils sont déjà dans une terre ou dans un environnement où ils peuvent travailler pour se nourrir et produire. Israël n'avait plus besoin de miracles pour manger et boire à Canaan.

Dans le désert, on fait intervenir Dieu dans tout. Mais lorsque nous ne sommes plus dans le désert, nous devons changer de mentalité. Nous n'avons pas besoin de faire intervenir Dieu là où la terre est fertile. Nous devons travailler et cultiver.

Comment peux-tu continuer à demander de l'argent pour te nourrir à Dieu alors qu'Il t'a donné un travail rémunéré ? Comment peux-tu continuer à demander à Dieu la délivrance alors qu'Il t'a donné l'autorité pour chasser les démons ?

Comment peux-tu continuer à demander la direction par la colonne de feu ou la nuée (des signes) alors que le Saint-Esprit habite en toi ?

Il y a des choses que Dieu t'a données parce que tu étais dans le désert. Maintenant, il est temps que tu te comportes comme un fils et agisses.

Chapitre V

Chasseur ou cultivateur

« Me voici devenu vieux, reprit Isaac, et je ne sais pas quand je mourrai. Maintenant donc, je te prie, prends tes armes, ton arc et tes flèches, va courir la campagne et chasse quelque gibier pour moi. Tu m'en apprêteras un de ces bons plats comme je les aime, tu me le serviras, je mangerai, puis je te donnerai ma bénédiction avant de mourir. » **Genèse 27 : 2 - 4 BDS.**

J'aime bien le chasseur, car il est un sprinter et habile pour guetter les gibiers et connaître leurs habitudes, afin de les atteindre au meilleur moment.

En ce qui concerne l'histoire d'Esaü mentionnée précédemment, je peux comprendre que pour obtenir le repas demandé par son père, Esaü devait sortir, car il n'avait rien à manger à la maison. Isaac connaissait bien la réserve de son fils, c'est pourquoi ce dernier devait prendre du temps pour aller à la chasse. Cependant, il est important de remarquer que Jacob, lui, avait quelque chose dans la maison prête à être préparée.

Dans la réserve de Jacob, il y avait de la nourriture pour un bon menu, tandis qu'Esaü, son frère, devait prendre du temps pour trouver de quoi manger pour son père.

Cet habile chasseur, cet homme des champs, utilisait sa force pour aller chasser dans le champ. Pour manger, il devait chasser, sinon il n'y aurait rien à manger.

C'est pourquoi, lors de sa bénédiction, il devait aller chasser. Jacob, quant à lui, avait déjà préparé du gibier, ce qui lui a permis de répondre à la demande au moment opportun.

1. Le chasseur compte toujours sur sa force, son agilité et sa technique de chasse pour se nourrir.
2. Le chasseur doit souvent sortir chasser pour se nourrir.
3. Le chasseur ne tient pas compte des saisons.
4. Le cultivateur est conscient des saisons et sait qu'il n'aura pas de nourriture en abondance à chaque saison, il vit donc en conséquence. Il sait conserver la nourriture lorsqu'il n'y a pas de production.
5. Le cultivateur sait gérer ses ressources en fonction des saisons.
6. La nourriture d'Esaü dépendait seulement de ses armes (arcs et flèches), c'est-à-dire de ses outils de travail ou de sa force, alors que pour Jacob, la nourriture dépendait de ce qu'il avait conservé dans sa réserve.
7. Le chasseur n'a pas toujours ses ressources disponibles pour répondre aux besoins urgents.

8. Le chasseur ne sait pas gérer ses ressources, en cas d'urgence, il doit aller les chercher, ce qui implique une perte de temps.
9. Le chasseur n'a pas de réserve chez lui, il doit aller chercher. Il compte toujours sur sa force physique, mais oublie que cela lui demande du temps et de l'énergie.
10. Les vierges folles n'avaient plus d'huile, elles devaient aller en chercher.
11. Le chasseur ne sait pas transformer les ressources à sa disposition.

La sagesse ici est que nous devrions apprendre à toujours avoir quelque chose dans notre réserve, sinon nous devrions attendre les résultats du travail pour nous nourrir, alors qu'il y a des jours où nous ne pourrons pas travailler ou cela nous demandera beaucoup de temps.

Nous devons adopter la mentalité des cultivateurs qui ont la notion des saisons. Ils savent gérer les semailles et les moissons. Ils ont de quoi se nourrir pendant les saisons les plus difficiles ou les périodes de sécheresse, car ils connaissent les défis auxquels ils font face.

Le cultivateur possède toujours l'intelligence des saisons, ce qui lui permet de comprendre les cycles des pluies et des sécheresses. Il sait qu'il ne peut pas avoir de la nourriture toute l'année, et qu'il ne peut pas semer et moissonner à tout moment.

Prions que Dieu nous donne l'intelligence des saisons, afin que nous ne manquions jamais de nourriture, quelles que soient les difficultés et les sécheresses de la vie. Le sage sait qu'il n'aura pas tout ce qu'il désire en tout temps, et il doit donc anticiper et planifier comment avoir suffisamment de nourriture pendant les périodes de crise et de sécheresse.

Le sage sait conserver pendant les périodes d'abondance afin de pouvoir les utiliser pendant les moments de sécheresse. C'est la sagesse et l'intelligence de Joseph, développées pendant la crise ou la période des vaches maigres, pour emprunter la terminologie du livre de la Genèse. Une réserve de 1/5 ou de 20% pour se préparer aux temps difficiles.

Chapitre VI

La mentalité de la fourmi : son propre auditeur

« Regarde la fourmi, paresseux ! Vois comment elle se conduit, et tu deviendras un sage. La fourmi n'a pas de chef, ni de surveillant, ni de patron. Pendant la bonne saison, elle amasse de la nourriture. Au moment de la récolte, elle fait des réserves. » **Proverbes 6 : 6 - 8**

Dans la sagesse humaine, la fourmi est souvent réputée pour sa capacité à travailler en équipe. Elle est l'incarnation et le symbole du principe de « l'union fait la force ». Elle se distingue par son sens et sa coordination pour la protection et l'approvisionnement en réserves alimentaires de la colonie entière.

Cependant, Proverbes 6 met en exergue une autre particularité de la fourmi : sa capacité à travailler de manière autonome et à s'auto-évaluer, son propre chef et son propre auditeur. Le Proverbe 6 nous enseigne quelques leçons importantes à travers ce que nous appelons la sagesse de la fourmi :

1. La gestion est aussi importante que la production.

2. La force de la fourmi réside non seulement dans son sens d'esprit d'équipe, mais aussi dans son autonomie et son indépendance.

3. La fourmi a le sens de la responsabilité ; elle n'a pas besoin d'un chef pour accomplir son travail, elle est son propre chef.

4. La fourmi effectue bien son travail sans avoir besoin de surveillance ou d'audit.

5. La fourmi est à la fois son propre chef, surveillant et patron.

6. La fourmi sait produire et constituer des réserves en tenant compte des saisons.

7. La fourmi n'a pas besoin d'être commandée pour produire et gérer efficacement ses ressources en toutes saisons.

Si une simple fourmi est capable d'un tel comportement, en tant qu'êtres humains, nous n'avons aucune raison de vivre dans la paresse. Remarquons que la fourmi est vantée non seulement pour sa production et son attitude dans la production, mais aussi pour la gestion de ses ressources.

Ainsi l'homme sage est celui qui est capable de mettre en place un système dans lequel il est à la fois son propre chef et son propre auditeur, assurant ainsi la coordination entre la production et la gestion.

J'ai appris, à travers les défis, l'importance de m'auditer ou de m'auto-évaluer sur la qualité de ce que je produis et surtout sur la manière de gérer les ressources qui passent par mes mains.

Un des défis que nous rencontrons est celui de l'auto-évaluation, même si nous pensons souvent que cela est l'apanage des entreprises ou des grandes sociétés.

Les auditeurs garantissent la redevabilité (accountability, en anglais) de notre gestion. Nous devons donc nous assurer qu'il y ait des auditeurs, et si nous ne pouvons pas nous les offrir, alors nous pouvons nous-mêmes jouer ce rôle, tout comme le fait la fourmi.

Apprendre à être son propre auditeur sans complaisance permet de garantir le meilleur pour sa vie. Cela permet surtout de s'améliorer en cas de difficultés et d'adapter les méthodes de travail et de gestion.

Le meilleur gestionnaire de sa vie est celui qui est capable de s'auto-évaluer à chaque étape de sa vie sans avoir d'auditeurs externes.

Au fil des années, j'ai appris à m'évaluer moi-même, à le faire avec ma femme et mes enfants. Avant de faire appel à des auditeurs externes, je dois être capable de le faire moi-même de la meilleure manière possible.

J'ai appris à instaurer des cycles d'évaluations internes et externes pour m'assurer que rien n'échappe aux critiques constructives, me permettant ainsi de planifier des améliorations et des changements. Il ne faut pas perdre de vue que nous ne pourrons échapper au plus grand audit de la vie, que ce soit à travers le jugement dernier[6] ou le tribunal de Christ.[7]

---

[6] **Actes 17 : 31 BDS** *« Car il a fixé un jour où il jugera le monde entier en toute justice, par un homme qu'il a désigné pour cela, ce dont il a donné à tous une preuve certaine en le ressuscitant. »*

[7] 2 **Corinthiens 5 : 10 BDS** *« car nous aurons tous à comparaître devant le tribunal de Christ, et chacun recevra ce qui lui revient selon les actes, bons ou mauvais, qu'il aura accomplis par son corps. »*

Chapitre VII

Jacob l'entrepreneur : le transfert des richesses.

« Car tu avais bien peu de chose à mon arrivée, mais tes biens se sont considérablement accrus. L'Eternel t'a béni depuis que je suis chez toi. Mais à présent, il est temps que je travaille moi aussi pour ma propre famille. » **Genèse 30 :30**

« Tu n'auras rien à me donner, répondit Jacob. Si tu acceptes ma proposition, je continuerai à paître tes troupeaux et à m'en occuper » **Genèse 30 : 31**

« Demain, tu viendras inspecter mon salaire : si tu trouves chez moi une chèvre qui ne soit pas tachetée ou bigarrée, ou un agneau qui ne soit pas de couleur foncée, tu pourras les considérer comme volés. » **Genèse 30 : 33.**

« Il se constitua ainsi des troupeaux à lui, qu'il ne mêla pas à ceux de Laban » **Genèse 30 : 40**

« Jacob devient de plus en plus riche. Il possède beaucoup de moutons et de chèvres, des servantes et des serviteurs, des chameaux et des ânes. » ***Genèse 30 : 43***

Le regard plongé dans l'histoire de Jacob révèle que ce personnage avait un esprit d'entrepreneuriat très remarquable. Il a également posé des principes très pertinents en matière d'entrepreneuriat, surtout pour ceux qui souhaitent bâtir leur propre entreprise ; ils méritent une attention particulière dans ce chapitre.

Il faut se rappeler que Jacob est arrivé chez son oncle en fuyant son frère. Il y a présomption qu'il n'avait pas grand-chose comme ressources pour vivre. C'est la raison pour laquelle il a dû travailler pour son oncle Laban, un homme d'affaires florissant à l'époque. Il était donc un employé de Laban et son salaire lui a permis de payer la dot de sa femme Léa après sept années de travail, puis sept autres années pour rembourser la dette de la dot de Rachel. Il faut comprendre qu'il ne gagnait pas grand-chose et c'est la raison pour laquelle il devait travailler pendant sept ans pour payer une dot.

Nous pouvons dire au minimum que Jacob a été employé chez Laban pendant au moins 14 ans. Et pendant toutes ces années, il a eu le temps d'observer comment Laban travaillait et son système de production. Il a vraiment eu le temps de tout maîtriser. Il est donc intéressant de dégager les principes suivants à partir de ce que nous découvrons dans ce passage concernant Jacob en tant qu'entrepreneur :

1. **Le travail est le moyen le plus grand, voire le premier, pour être financièrement béni et surtout multiplier ses richesses.** Le travail est ce que Dieu attend pour te rendre financièrement indépendant et puissant. Tu ne peux pas grandir financièrement grâce à des dons ou à des aides.

2. Ton travail enrichira ton employeur ; il sera béni par tes mains, car Dieu bénit tout ce que tu touches.

3. Jacob reconnaît que lorsqu'il travaillait pour Laban, ce n'était pas pour sa propre famille : *« L'Eternel t'a béni depuis que je suis chez toi. Mais à présent, il est temps que je travaille moi aussi pour ma propre famille. »* ***Genèse 30 : 30 ;***

4. Jacob a pris son salaire et l'a réinvesti pour obtenir son propre troupeau.

5. Ton salaire te permettra de créer ta propre entreprise (voir le verset 32). *« Si tu veux, je passerai aujourd'hui tout ton troupeau en revue, je mettrai à part toutes les jeunes bêtes tachetées ou bigarrées : tous les agneaux de couleur foncée, ainsi que toutes les chèvres bigarrées ou tachetées. Ils constitueront mon salaire. »*

6. Ton entreprise se trouve dans ton salaire d'aujourd'hui.

7. En travaillant pour Laban, Jacob ne travaillait pas pour sa maison ou sa famille ; en travaillant pour Laban, il enrichissait Laban ; mais c'est au moment où il a obtenu son propre troupeau qu'il a commencé à travailler pour sa richesse.

8. Jacob s'est constitué sa propre entreprise distincte des biens de Laban ; il ne s'est pas mêlé aux troupeaux de Laban, il a créé une entreprise différente de celle de Laban.

9. Jacob avait l'intelligence de multiplier son troupeau grâce à une stratégie inspirée par Dieu

afin de devenir riche et d'avoir son propre troupeau.

10. Il ne faut pas se contenter du salaire que l'on reçoit par le travail, il faudrait créer du travail qui permettra d'obtenir un autre salaire indépendamment de l'employeur.

11. Jacob n'était pas satisfait de rester simplement un travailleur, il a décidé de devenir lui-même propriétaire des troupeaux, c'est-à-dire sa propre entreprise.

12. Jacob devient de plus en plus riche grâce à ses troupeaux et à ses serviteurs.

Il ne faut pas voir l'esprit d'entrepreneuriat uniquement comme le fait de cesser de travailler pour un employeur et d'initier sa propre affaire ou son propre business ; on peut continuer à travailler pour lui tout en construisant en parallèle sa propre entreprise, en investissant dans ses propres affaires en vue de la multiplication de ses ressources.

Le transfert des richesses et d'intelligence

Vers les années 2000, lorsque l'archevêque Diamant Kalonji parlait du transfert des richesses vers l'Église, je croyais qu'il s'agissait simplement du fait que les hommes et les femmes allaient mettre de l'argent ou des richesses à disposition de l'Église ou des chrétiens. Je pensais qu'il s'agissait de dons ou d'offrandes faites aux églises et ministères. Il est possible que Dieu le fasse, mais ce mode d'enrichissement ne garantit pas la multiplication de ces richesses.

Le transfert opéré à travers le travail et les techniques assure non seulement le transfert d'argent, mais également celui de l'intelligence, de la technologie, et du savoir-faire. Ceci permet au bénéficiaire de reproduire de manière précise, voire améliorée, les richesses acquises, tout en développant l'intelligence essentielle pour soutenir le travail de production de façon durable.

Le transfert se fait par :

- Le salaire, c'est-à-dire l'argent ;
- L'intelligence;
- L'expérience;
- Les techniques.

Ainsi, par l'exemple, si je travaille pour McDonald's, à travers le salaire que je reçois, il y a un transfert des richesses qui s'opère. Ma responsabilité est de continuer à multiplier ce que je reçois en salaire, de le réinvestir pour qu'il continue à se reproduire et à se multiplier.

Au-delà du salaire, tu peux aussi acquérir ou recevoir en transfert la technologie nécessaire à la production. L'expérience que tu tires de ton employeur pourrait également te servir pour ton propre business. Tu peux, comme Jacob, bénéficier de la sagesse, de l'intelligence et de l'expérience accumulées au fil des années passées dans l'entreprise de Laban.

En comptant sur Dieu, il peut t'inspirer des stratégies de manière surnaturelle pour que ta productivité soit différente, voire exponentielle. Les richesses et leurs technologies de production ou de création sont transférables. Il est de notre responsabilité de comprendre que nous ne travaillerons pas indéfiniment en tant que salarié.

Le contenu du salaire

Généralement, le salaire est composé de différents éléments qui déterminent sa fixation. Il répond ainsi souvent aux besoins qu'il est censé combler. Cette composition peut varier d'un employeur à un autre. Ici, j'aimerais que nous puissions voir le salaire selon la perspective de Dieu. Nous allons donc examiner les différentes parties de la rémunération à la lumière de quelques principes tirés de la société, ainsi que de principes bibliques abordés dans les chapitres précédents.

En tenant compte de ces principes, nous pouvons diviser le salaire en plusieurs portions. La part qui revient à Dieu, la portion réservée à Dieu et les offrandes (dîme, prémices et actions de grâce), C'est là que nous devons mettre tout ce que nous devons rendre à Dieu.

Il est important de se rappeler que toutes nos ressources nous viennent de Dieu, et donc c'est un acte de foi de rendre à Dieu une part de nos revenus.

C'est ici que nous allons aborder le sujet des offrandes et de la dîme, une portion estimée à 10%[8] dans la plupart des églises, bien que cela ne soit pas le cas en Israël.

---

[8] Nous avons pris 10% comme minimum de ce que nous donnons à Dieu sans que cela ne soit le seul montant. Nous croyons que nous pouvons donner au-delà de ce minimum.

Chapitre VIII

La dîme, sa problématique dans la nouvelle alliance.

Qu'est-ce que la dîme ?

Tout d'abord, il faut rappeler que la dîme est la dixième partie des ressources, des récoltes ou des biens de chaque citoyen en Israël, qui devait être donnée aux lévites ou aux pauvres. Conformément au texte de **Lévitique 27 : 30- 32**, la dîme représente la dixième partie des produits de la terre, des récoltes, des fruits des arbres, du gros et du menu bétail. Elle constituait une forme d'impôt ou de taxe visant à garantir la distribution des richesses parmi ceux qui étaient consacrés, les pauvres, les veuves et les étrangers.

« Toute dîme de la terre, soit des récoltes de la terre, soit du fruit des arbres, appartient à l'Éternel ; c'est une chose consacrée à l'Éternel. Si quelqu'un veut racheter quelque chose de sa dîme, il y ajoutera un cinquième. Toute dîme de gros et de menu bétail, de tout ce qui passe sous la houlette, sera une dîme consacrée à l'Éternel. » **Lévitique 27 : 30 - 32.**

La pratique de la dîme trouve son fondement dans les textes bibliques que nous allons développer. La question de la dîme est l'une des plus controversées dans l'Église, en particulier lorsqu'il s'agit de dire si elle relève de la loi ou si elle fait également partie de la nouvelle alliance. C'est une question qui défraie la chronique dans la doctrine chrétienne.

Nous tenterons de répondre aux questions qu'elle soulève.

La dîme a précédé la loi

La première mention de la dîme se trouve dans **Genèse 14 : 18 - 20**, avec l'apparition du mystérieux personnage de Melchisédech à qui Abram remit la dîme de tout.

« Melchisédech, roi de Salem, fit apporter du pain et du vin : il était sacrificateur du Dieu Très-Haut. Il bénit Abram, et dit : Béni soit Abram par le Dieu Très-Haut, maître du ciel et de la terre ! Béni soit le Dieu Très-Haut, qui a livré tes ennemis entre tes mains ! Et Abram lui donna la dîme de tout. » ***Genèse 14 : 18 - 20.***

La question qui se pose est de savoir qui l'a instituée ?

La réponse est difficile, car il n'y a pas de réponse explicite dans les Saintes Écritures. Cependant, il est clair que la pratique était bien établie à l'époque d'Abram, au point que ce mystérieux sacrificateur l'a bien reçue sans aucun problème. Aussi faut-il remarquer que pour la première mention de la dîme, elle n'a pas été demandée ou réclamée, c'est Abram qui l'a donnée volontairement.

Plus tard, l'un des descendants d'Abraham, plus précisément son petit-fils, pratiqua également la dîme, ce qui nous permet de conclure qu'il s'agissait d'une pratique transmissible.

À l'instar des offrandes, la dîme est une pratique instituée par Dieu lui-même, ce qui explique sa pérennité tout au long de l'histoire, non seulement chez les hommes, mais aussi au sein des institutions humaines. Le verset suivant du livre de la Genèse illustre cette notion :

« Et si je retourne en paix à la maison de mon père, alors l'Éternel sera mon Dieu ; cette pierre, que j'ai dressée pour monument, sera la maison de Dieu ; et je te donnerai la dîme de tout ce que tu me donneras. » **Genèse 28 : 21 -22.**

Il convient de souligner que la dîme ne se limite pas à l'argent, mais elle englobe tout ce que Dieu nous donne. En d'autres termes, tout ce que nous avons reçu de Dieu nécessite de payer la dîme. Sous Abraham et ses descendants, la dîme concernait tout ce qu'ils recevaient ou que Dieu leur donnait, elle ne se limitait pas à l'argent ou à une rémunération numéraire. Ainsi, il était possible de donner la dîme des récoltes, des bêtes, etc.

Il est donc erroné de dire que la dîme fait partie de la loi et alors qu'elle a commencé avant la loi. Elle est mentionnée pour la première fois avec Abraham, le père de la foi.

La dîme sous la loi

Il faut d'emblée dire qu'au regard de la loi, il y avait plusieurs sortes de dîmes, qui nous permettent de mieux comprendre la portée de cette institution fondamentale du système de taxation et de distribution des ressources sous la loi.

Quatre types de dîme

Il est important de noter qu'en Israël, il existait quatre types de dîmes selon la loi mosaïque.

1. La dîme qui revenait à soi-même, dîme annuelle

« Tu lèveras la dîme de tout ce que produira ta semence, de ce que rapportera ton champ chaque année. Et tu mangeras devant l'Éternel, ton Dieu, dans le lieu qu'il choisira pour y faire résider son nom, la dîme de ton blé, de ton moût et de ton huile, et les premiers-nés de ton gros et de ton menu bétail, afin que tu apprennes à craindre toujours l'Éternel, ton Dieu. Peut-être lorsque l'Éternel, ton Dieu, t'aura béni, le chemin sera-t-il trop long pour que tu puisses transporter ta dîme, à cause de ton éloignement du lieu qu'aura choisi l'Éternel, ton Dieu, pour y faire résider son nom. Alors, tu échangeras ta dîme contre de l'argent, tu serreras cet argent dans ta main, et tu iras au lieu que l'Éternel, ton Dieu, aura choisi. Là, tu achèteras avec l'argent tout ce que tu désireras, des bœufs, des brebis, du vin et des liqueurs fortes, tout ce qui te fera plaisir, tu mangeras devant l'Éternel,

ton Dieu, et tu te réjouiras, toi et ta famille. » ***Deutéronome 14 : 22 - 26.***[9]

C'était une portion de dîme prélevée sur ses produits avec les caractéristiques suivantes :

- Elle était annuelle et portait sur les produits de semences et de champs, le gros et le menu bétail.
- Elle était consommée devant l'Éternel dans le lieu qu'il choisissait.
- Elle pouvait être échangée contre de l'argent.

---

[9] **Deutéronome 14 : 22 - 26** " *Tu lèveras la dîme de tout ce que produira ta semence, de ce que rapportera ton champ chaque année. Et tu mangeras devant l'Éternel, ton Dieu, dans le lieu qu'il choisira pour y faire résider son nom, la dîme de ton blé, de ton moût et de ton huile, et les premiers-nés de ton gros et de ton menu bétail, afin que tu apprennes à craindre toujours l'Éternel, ton Dieu. Peut-être lorsque l'Éternel, ton Dieu, t'aura béni, le chemin sera-t-il trop long pour que tu puisses transporter ta dîme, à cause de ton éloignement du lieu qu'aura choisi l'Éternel, ton Dieu, pour y faire résider son nom. Alors, tu échangeras ta dîme contre de l'argent, tu serreras cet argent dans ta main, et tu iras au lieu que l'Éternel, ton Dieu, aura choisi. Là, tu achèteras avec l'argent tout ce que tu désireras, des bœufs, des brebis, du vin et des liqueurs fortes, tout ce qui te fera plaisir, tu mangeras devant l'Éternel, ton Dieu, et tu te réjouiras, toi et ta famille.* "

- Elle était utilisée pour acheter tout ce qui procurait du plaisir afin de se réjouir avec sa famille devant l'Éternel.

Ainsi, il s'agissait d'une dîme que le producteur consommait devant Dieu pour se réjouir, et non d'une remise aux sacrificateurs.

2. La dîme qui revenait aux lévites, veuves, étrangers et orphelins - dîme triennale

« Au bout de trois ans, tu sortiras toute la dîme de tes produits pendant la troisième année, et tu la déposeras dans tes portes. Tu ne délaisseras point le Lévite qui sera dans tes portes, car il n'a ni part ni héritage avec toi. Alors viendront le Lévite, qui n'a ni part ni héritage avec toi, l'étranger, l'orphelin et la veuve, qui seront dans tes portes, et ils mangeront et se rassasieront, afin que l'Éternel, ton Dieu, te bénisse dans tous les travaux que tu entreprendras de tes mains. » ***Deutéronome 14 : 27 - 29***

Voici les caractéristiques de cette deuxième sorte de dîme :

- Elle était triennale, prélevée chaque troisième année.
- Elle était destinée aux lévites, aux étrangers, aux veuves et aux orphelins.
- Elle était accompagnée de la promesse d'une bénédiction.

« Puis tu te réjouiras avec le Lévite et avec l'étranger qui sera au milieu de toi, pour tous les

biens que l'Éternel, ton Dieu, t'a donné, à toi et à ta maison. Lorsque tu auras achevé de lever toute la dîme de tes produits, la troisième année, l'année de la dîme, tu la donneras au Lévite, à l'étranger, à l'orphelin et à la veuve ; et ils mangeront et se rassasieront, dans tes portes. Tu diras devant l'Éternel, ton Dieu : J'ai ôté de ma maison ce qui est consacré, et je l'ai donné au Lévite, à l'étranger, à l'orphelin et à la veuve, selon tous les ordres que tu m'as prescrits ; je n'ai transgressé ni oublié aucun de tes commandements. » **Deutéronome 26 : 11 - 13.**

3. La dîme lévitique

« Je donne comme possession aux fils de Lévi toute dîme en Israël, pour le service qu'ils font, le service de la tente d'assignation. Les enfants d'Israël n'approcheront plus de la tente d'assignation, de peur qu'ils ne se chargent d'un péché et qu'ils ne meurent. Les Lévites feront le service de la tente d'assignation, et ils resteront chargés de leurs iniquités. Ils n'auront point de possession au milieu des enfants d'Israël : ce sera une loi perpétuelle parmi vos descendants. Je donne comme possession aux Lévites les dîmes que les enfants d'Israël présenteront à l'Éternel par élévation ; c'est pourquoi je dis à leur égard : Ils n'auront point de possession au milieu des enfants d'Israël. L'Éternel parla à Moïse, et dit : Tu parleras aux Lévites, et tu leur diras : Lorsque vous recevrez des enfants d'Israël la dîme que je vous donne de leur part comme votre possession,

vous en prélèverez une offrande pour l'Éternel, une dîme de la dîme » **Nombres 18 : 21 - 26.**

- Elle était destinée aux Lévites.
- Les lévites devaient également prélever une dîme comme offrande à l'Éternel ;
- Les Lévites ne devraient pas avoir de possessions au milieu d'Israël.

4. La dîme des dîmes

« C'est ainsi que vous prélèverez une offrande pour l'Éternel sur toutes les dîmes que vous recevrez des enfants d'Israël, et vous donnerez au sacrificateur Aaron l'offrande que vous en aurez prélevée pour l'Éternel. Sur tous les dons qui vous seront faits, vous prélèverez toutes les offrandes pour l'Éternel ; sur tout ce qu'il y aura de meilleur, vous prélèverez la portion consacrée. Tu leur diras : Quand vous en aurez prélevé le meilleur, la dîme sera comptée aux Lévites comme le revenu de l'aire et comme le revenu de la cuve. Vous la mangerez en un lieu quelconque, vous et votre maison ; car c'est votre salaire pour le service que vous faites dans la tente d'assignation. Vous ne serez chargés pour cela d'aucun péché, quand vous en aurez prélevé le meilleur, vous ne profanerez point les offrandes saintes des enfants d'Israël, et vous ne mourrez point. » **Nombres 18 : 26 - 32.**

- Elle est prélevée sur la dîme par les Lévites et remise aux sacrificateurs.

- Elle est considérée comme une offrande présentée aux sacrificateurs.

La pratique de la dîme, qui a commencé avec Abram, s'est perpétuée plus tard sous la loi, ce qui constitue une preuve supplémentaire que la dîme était une recommandation, une instruction ou encore une institution divine.

« Toute dîme de la terre, soit des récoltes de la terre, soit du fruit des arbres, appartient à l'Éternel ; c'est une chose consacrée à l'Éternel. Si quelqu'un veut racheter quelque chose de sa dîme, il y ajoutera un cinquième. Toute dîme de gros et de menu bétail, de tout ce qui passe sous la houlette, sera une dîme consacrée à l'Éternel. » **Lévitique 27 : 30 -32.**

Avec la loi, il est devenu clair et précis que la dîme était une portion sacrée et consacrée à l'Éternel.

Il est évident que dans ce que nous recevons de Dieu, que ce soit comme revenu ou ressource, il y a une portion intangible qui lui appartient. C'est pourquoi le principe de l'intangibilité de la dîme est important.

Le principe de l'intangibilité de la dîme

Ce qui est à Dieu ou appartient à Dieu ne devrait en aucune circonstance être touché. La violation de ce principe est à la base de nombreuses conséquences, y compris des malédictions.

« Apportez à la maison du trésor toutes les dîmes, afin qu'il y ait de la nourriture dans ma maison ;

mettez-moi de la sorte à l'épreuve, dit l'Éternel des armées. Et vous verrez si je n'ouvre pas pour vous les écluses des cieux, si je ne répands pas sur vous la bénédiction en abondance. Pour vous Je menacerai celui qui dévore, et il ne vous détruira pas les fruits de la terre, et la vigne ne sera pas stérile dans vos campagnes, dit l'Éternel des armées. Toutes les nations vous diront heureux, car vous serez un pays de délices, dit l'Éternel des armées. » **Malachie 3 : 10 -12.**

Malachie montre les conséquences négatives et positives de la violation de ce principe, notamment :

1. La destruction des fruits de la terre
2. La stérilité
3. Le vol

Cependant, le respect de ce principe apporte également des bénédictions :

- L'ouverture des écluses des cieux, les portes des cieux contenant des eaux qui arrosent la terre et fournissent les ressources pour les productions de la terre.
- Les bénédictions et les bienfaits abondants.
- Le bonheur vous accompagnera.
- L'Éternel Dieu des armées défendra vos ressources. Partout où il s'agit de ressources ou de richesses, l'Éternel se présente toujours comme l'Éternel Dieu

des armées. Dieu fait la guerre à nos ennemis quand il s'agit des richesses ou de ressources de son Royaume. Il ne négocie pas sur nos ressources.

Le principe de l'indivisibilité de la dîme

Le principe veut que la dîme ne soit pas divisée entre plusieurs maisons du trésor. Il devient de plus en plus courant dans la maison de Dieu que les chrétiens divisent leurs dîmes en plusieurs parties pour les remettre à plusieurs églises ou serviteurs de Dieu. Certains trouvent que le montant est élevé pour n'être remis qu'à une seule église ou un seul serviteur de Dieu. J'ai même entendu dire qu'un chrétien craignait que si toute la dîme était remise au Pasteur, l'Église risquerait de se diviser à cause de son montant consistant. En réalité, cette réflexion est faite comme si la dîme avait été remise à un homme de Dieu plutôt qu'à Dieu lui-même.

Les bénéficiaires ou les créanciers de la dîme sous la loi

« Je donne comme possession aux fils de Lévi toute dîme en Israël, pour le service qu'ils font, le service de la tente d'assignation. Je donne comme possession aux Lévites les dîmes que les enfants d'Israël présenteront à l'Éternel par élévation ; c'est pourquoi je dis à leur égard : Ils n'auront point de possession au milieu des enfants d'Israël. Tu parleras aux Lévites, et tu leur diras : Lorsque vous recevrez des enfants

d'Israël la dîme que je vous donne de leur part comme votre possession, vous en prélèverez une offrande pour l'Éternel, une dîme de la dîme ; l'Éternel parla à Moïse, et dit » **Nombres 18 : 21, 24 - 26.**

La loi mosaïque avait clairement établi les bénéficiaires ou créanciers de la dîme énumérés ici :

- Les Lévites ou encore les prêtres et leurs fils selon la loi ;
- La maison du trésor ou encore la maison de Dieu, mieux les églises ;
- Le citoyen lui-même, conformément à **Deutéronome 14 : 22 - 26.**
- Les veuves, orphelins et étrangers.[10]

Comprise dans ce sens, la dîme n'est l'apanage que des églises. Les autres institutions telles que les ministères devraient plutôt bénéficier des dons ou des libéralités.

---

[10] **Deutéronome 14 :27-29** « *Tu ne délaisseras point le Lévite qui sera dans tes portes, car il n'a ni part ni héritage avec toi. Au bout de trois ans, tu sortiras toute la dîme de tes produits pendant la troisième année, et tu la déposeras dans tes portes. Alors viendront le Lévite, qui n'a ni part ni héritage avec toi, l'étranger, l'orphelin et la veuve, qui seront dans tes portes, et ils mangeront et se rassasieront, afin que l'Éternel, ton Dieu, te bénisse dans tous les travaux que tu entreprendras de tes mains.* »

La dîme est-elle instituée dans la nouvelle Alliance ?

Il est clair que si nous lisons les évangiles et les épîtres, il n'apparaît pas clairement l'institution de la dîme. Si c'était une pratique retenue dans la nouvelle alliance, pourquoi les apôtres et Paul n'en ont-ils pas parlé dans leurs écrits, alors qu'ils ont évoqué les offrandes et les dons.

Que dire de Jésus-Christ ? Dans ses enseignements également, il n'est pas évident de trouver une institution claire de la dîme, tout comme son interdiction. Cependant, il y a des écrits qui font implicitement référence à la pratique de la dîme chez les pharisiens.

« Quel malheur pour vous, Pharisiens ! En effet, vous donnez à Dieu un dixième de certaines plantes, menthe, plantes sauvages et légumes du jardin. Mais vous oubliez d'être justes avec les gens et d'aimer Dieu. Pourtant, c'est cela qu'il fallait faire, sans oublier le reste. » ***Luc 11 : 42 PDV.***[11]

Il est clair ici que Jésus n'est pas en train d'interdire la pratique de la dîme. En revanche, il

---

[11] Voir aussi ***Matthieu 23 : 23*** *« Malheur à vous, scribes et pharisiens hypocrites ! Parce que vous payez la dîme de la menthe, de l'aneth et du cumin, et que vous laissez ce qui est plus important dans la loi, la justice, la miséricorde et la fidélité : c'est là ce qu'il fallait pratiquer, sans négliger les autres choses. »*

est en train de demander aux pharisiens d'aller au-delà de la dîme en ne négligeant pas la justice et l'amour de Dieu. Ce passage dans les évangiles est la seule référence à la dîme par Jésus, et il recommande aux pharisiens de ne pas se contenter de la dîme seule, mais d'y ajouter la justice et l'amour de Dieu dans leur pratique. Il est important de préciser que Jésus s'adresse ici aux pharisiens et non à ses disciples. Il ne s'agit donc pas d'une interdiction ou d'une abolition, mais plutôt d'une confirmation de la pratique.

Les opposants de la dîme dans la nouvelle alliance disent que cette mention de la dîme par Jésus était encore dans l'ancienne alliance, car la nouvelle n'a commencé qu'après Jésus.

Je n'approuve pas cette interprétation *« car Christ est la fin de la loi, pour la justification de tous ceux qui croient. »* ***Romains 10 : 4***

De plus, il y a d'autres textes également dans la nouvelle alliance qui font référence à la dîme, comme celui de l'Épître aux Hébreux où l'auteur démontre que Melchisédech [12] , dont il est

---

[12] ***Hébreux 7 : 1 - 10*** *« Ce Melkisédec était roi de Salem, et prêtre du Dieu très-haut. Abraham revenait du combat où il avait vaincu lesrois. Melkisédec est allé à sa rencontre et il a béni Abraham. Et Abraham lui a donné un dixième de tout ce qu'il avait pris. Le nomde Melkisédec veut dire « roi de justice ». De plus, Melkisédec est roi de Salem, et cela*

question, était bel et bien l'image de Christ, le Souverain Sacrificateur, Roi de paix, prêtre pour toujours. Ne pourrait-il pas aussi recevoir cette dîme encore ?

---

veut dire « roi de paix ». Il n'a pas de père, ni de mère, ni d'ancêtres. On ne parle jamais de sa naissance ni de sa mort. Il ressemble au Fils de Dieu : il reste prêtre pour toujours. Voyez combien Melkisédec est important ! Même Abraham, notre ancêtre, lui a donné un dixième de ce qu'il avait gagné dans la bataille. La loi de Moïse commande ceci aux prêtres de la famille de Lévi : ils doivent demander au peuple d'Israël un dixième de tout ce qu'il a. Ils le demandent au peuple, c'est- à-dire à leurs frères, qui sont pourtant de la famille d'Abraham. Or, Melkisédec, lui, n'appartenait pas à la famille de Lévi. Et pourtant, il a reçu d'Abraham un dixième de ce qu'il avait gagné. Et Melkisédec a béni celui qui avait reçu les promesses de Dieu. Sans aucun doute, c'est le plus grand qui bénit le plus petit. Les prêtres qui reçoivent un dixième des biens du peuple, ce sont des hommes qui doivent mourir un jour. Melkisédec aussi a reçu un dixième des biens, mais lui, il est toujours vivant, comme les Livres Saints le disent. Ce sont les fils de la famille de Lévi qui reçoivent un dixième des biens du peuple. Pourtant, on peut dire que Lévi, lui aussi, a payé cet impôt, par l'intermédiaire d'Abraham. En effet, Abraham est son ancêtre. Et d'une certaine façon, Lévi était déjà dans le corps de son ancêtre, quand Abraham a rencontré Melkisédec. »

En tout cas, les apôtres comme Paul et Pierre n'ont pas parlé de la dîme, ils ont plutôt insisté sur les offrandes. Aussi, les chrétiens vendaient leurs biens et apportaient tout aux pieds des apôtres.

« La multitude de ceux qui avaient cru n'était qu'un cœur et qu'une âme. Nul ne disait que ses biens lui appartinssent en propre, mais tout était commun entre eux. Les apôtres rendaient avec beaucoup de force témoignage de la résurrection du Seigneur Jésus. Et une grande grâce reposait sur eux tous. Car il n'y avait parmi eux aucun indigent : tous ceux qui possédaient des champs ou des maisons les vendaient, apportaient le prix de ce qu'ils avaient vendu, et le déposaient aux pieds des apôtres ; et l'on faisait des distributions à chacun selon qu'il en avait besoin. Joseph, surnommé par les apôtres Barnabas, ce qui signifie fils d'exhortation, Lévite, originaire de Chypre, vendit un champ qu'il possédait, apporta l'argent, et le déposa aux pieds des apôtres. » **Actes 4 :32-37**

La question demeure de savoir si le silence des apôtres sur la dîme consacre-t-elle son abolition ?

Nous donnons plus que la dîme dans la nouvelle alliance

Est-ce que le silence des apôtres signifie une abolition ?

Dieu a-t-il interdit que nous puissions donner la dîme ? Ou devrions-nous seulement donner plus que cela ?

Il ressort des épîtres, surtout de Paul, que la nouvelle alliance consacre le principe de la volonté et de la disposition du cœur lorsqu'il s'agit d'offrir et de donner aux autres, ainsi que de contribuer à soutenir l'Église et la mission. Dans la nouvelle alliance, nous ne sommes plus sous le régime de la loi, assortie de ses conséquences et malédictions, mais plutôt dans une alliance avec Jésus-Christ, le garant d'une alliance plus excellente.

Nous sommes donc dans la nouvelle alliance avec un impact sur notre manière de donner et d'offrir. Ce principe de donner, non une obligation légale à l'instar de la dîme, continue avec l'excellence de la nouvelle alliance, couplée de ses meilleures promesses et bénédictions.

« Jésus est par cela même le garant d'une alliance plus excellente. » **Hébreux 7 : 22**

Il faut retenir, dans un premier temps que dans la nouvelle alliance, nous sommes dans une dispensation excellente par rapport à la loi. Si, dans la loi, la dîme était une exigence légale assortie de sanctions et de pénalités, dans la nouvelle alliance, donner et offrir sont le résultat d'une volonté et d'une disposition du cœur, tout comme Abraham et Jacob qui avaient décidé de donner librement en fonction de leurs résolutions intérieures.

Si nous sommes dans une alliance excellente, donner un dixième de ses revenus ne pourrait être que le minimum qu'un homme puisse donner à Dieu. En réalité, selon notre volonté et nos résolutions intérieures, nous pouvons donner beaucoup plus que le dixième de nos revenus.

Y a-t-il une sanction ou une pénalité à cela ? Évidemment, il n'y en a pas, car nous ne sommes plus sous la loi. Y-a-t-il une bénédiction attachée à cela ? Évidemment, car il s'agit de donner.

Tout comme la loi des semailles et de la moisson demeure également dans la nouvelle alliance, il est donc indubitable qu'il y ait des bénédictions attachées ou des conséquences liées au respect de cette loi.

Abraham et Jacob peuvent-ils nous inspirer en ce qui concerne la dîme ? Bien sûr, et nous devons noter que nous avons de meilleures promesses et que nous sommes dans une alliance excellente. De plus, nous pouvons donner beaucoup plus que cela.

« Ne vous y trompez pas : on ne se moque pas de Dieu. Ce qu'un homme aura semé, il le moissonnera aussi. » ***Galates 6 : 7***

Jésus-Christ nous a introduits dans une alliance excellente fondée sur de meilleures promesses. Il y a donc beaucoup plus de bénédictions et de promesses attachées à cette nouvelle loi sur le donner.[13]

La nouvelle alliance nous demande beaucoup plus

« Que celui à qui l'on enseigne la parole fasse part de tous ses biens à celui qui l'enseigne. Ne vous y trompez pas : on ne se moque pas de Dieu. Ce qu'un homme aura semé, il le moissonnera aussi. » **Galates 6 : 6 - 7.**

« Ne vous faites pas d'illusions : Dieu ne se laisse pas traiter avec mépris. On récolte ce que l'on a semé. Que celui à qui l'on enseigne la Parole donne une part de tous ses biens à celui qui l'enseigne. » **Galates 6 : 6 - 7 BDS.**

« Celui qui reçoit la parole de Dieu doit partager ses biens avec celui qui lui donne cet enseignement. Ne vous trompez pas à ce sujet : Dieu ne per- met pas qu'on se moque de lui. Chacun récolte ce qu'il a semé. » **Galates 6: 6 - 7 PDV.**

"The one who is taught the word [of God] is to share all good things with his teacher

---

[13] **Hébreux 8 : 6** *« Mais maintenant il a obtenu un ministère d'autant supérieur qu'il est le médiateur d'une alliance plus excellente, qui a été établie sur de meilleures promesses. »*

[contributing to his spiritual and material support]. Do not be deceived, God is not mocked [He will not allow Himself to be ridiculed, nor treated with contempt nor allow His precepts to be scornfully set aside]; for whatever a man sows, this and this only is what he will reap." **Galatians 6 : 6 - 7 AMP.**

Il est important de mettre en évidence les principes découlant de la lecture de ces différentes versions :

- Celui à qui l'on enseigne partage ses biens avec l'enseignant ;
- Celui à qui l'on enseigne donne une part de ses biens à celui qui l'enseigne ;

Une autre version oblige celui à qui l'on enseigne à partager ses biens (celui qui reçoit la parole de Dieu doit partager ses biens avec celui qui donne cet enseignement, selon Parole de Vie) ;

- Celui à qui l'on enseigne doit contribuer à soutenir spirituellement et matériellement celui qui l'enseigne ;

Ce principe de partage est assorti de la loi des semailles et de la moisson : on récolte ce que l'on a semé. Il faut comprendre cette loi en fonction du partage exigé ici, sinon celui qui ne partage pas, récoltera proportionnellement à ce qui lui est exigé (le partage), il ne doit donc pas se moquer de Dieu envers ce principe et cette exigence.

Jugez par vous-même, il est évidemment clair que la nouvelle alliance ne nous demande pas 10%, elle nous demande le partage. Il faut se rappeler que tout ce que nous avons appartient à Dieu. Donc, si nous devons partager, ce n'est pas extraordinaire, c'est le minimum que nous devons faire. Il faut se souvenir encore du triangle de la bénédiction parfaite.

Le principe de la proportionnalité du donner dans la nouvelle alliance

Il faut d'abord noter que lorsque nous parlons donner ou d'offrir dans la nouvelle alliance, il ne faut pas le voir seulement comme une portion en termes de pourcentage ou du dixième. Il faut la considérer comme la portion de notre revenu ou rémunération que nous donnons à Dieu.

« Que chacun de vous, le premier jour de la semaine, mette à part chez lui ce qu'il pourra, selon sa prospérité, afin qu'on n'attende pas mon arrivée pour recueillir les dons. » **1 Corinthiens 16 : 2**.

Dans la nouvelle alliance, Dieu ne nous donne pas une portion ou un pourcentage de ce que nous devons donner à Dieu, Il veut que nous puissions le faire en fonction de notre richesse ou prospérité. Dieu ne fixe pas une portion à donner, il souhaite que nous donnions en fonction de notre prospérité. Il est donc possible qu'un pauvre donne beaucoup plus qu'un riche en fonction de cette loi de proportionnalité du donner. Dans la loi de la proportionnalité, la dîme ne peut être que le minimum, car selon ma prospérité, je peux décider de donner 50% de ce que je possède.

Le principe du nécessaire et non du superflu

« Jésus, ayant levé les yeux, vit les riches qui mettaient leurs offrandes dans le tronc. Il vit aussi une pauvre veuve, qui y mettait deux petites pièces. Et il dit : Je vous le dis en vérité, cette pauvre veuve a mis plus que tous les autres ; car c'est de leur superflu que tous ceux-là ont mis des offrandes dans le tronc, mais elle a mis de son nécessaire, tout ce qu'elle avait pour vivre. » **Luc 21 : 1 - 4.**

Le principe de la proportionnalité a pour corollaire celui du nécessaire, où Dieu souhaite que nous lui donnions ce qui est nécessaire et non le superflu. Ainsi, Jésus-Christ enseignait aux disciples qu'une pauvre veuve avait donné beaucoup plus que les riches dans le temple ce jour-là. Pour constater que les riches avaient donné moins que la pauvre veuve, Jésus aurait dû observer ce qui leur restait dans leur vie.

Quand tu donnes à Dieu, Il regarde beaucoup plus ce qui reste, car c'est cela qui détermine si c'est le nécessaire ou le superflu qui a été donné à Dieu.

Le principe de la foi et ses conséquences dans le donner

« Aussi l'Écriture, prévoyant que Dieu justifierait les païens par la foi, a d'avance annoncé cette bonne nouvelle à Abraham : 'Toutes les nations seront bénies en toi !' de sorte que ceux qui croient sont bénis avec Abraham le croyant. Car tous ceux qui s'attachent aux œuvres de la loi sont sous la malédiction ; car il est écrit : Maudit est quiconque n'observe pas tout ce qui est écrit dans le livre de la loi, et ne le met pas en pratique. » **Galates 3 : 8 - 10.**

Nous apportons à Dieu notre offrande volontairement, sans que cela ne soit une exigence légale. Et cette volonté est protégée par de bénédictions. Toutes les instructions données dans les épîtres laissent entendre que Dieu attend de nous que nous nous offrions d'abord nous-mêmes comme un sacrifice vivant, puis que nous donnions nos biens. Cependant, il y a peu de références directes à la dîme dans la nouvelle alliance ou dans les instructions des apôtres dans les épîtres.

Mais il est évident que ce que la Bible nous demande va au-delà de la dîme. Mais il y a tout à croire que ce que la Bible nous demande est plus que la dîme. Celle-ci est seulement le minimum pour nous chrétiens, car nous devons d'abord nous donner nous-mêmes, puis donner ce qui est à nous.

Il est important de se rappeler que cette instruction est similaire à celle donnée concernant les offrandes dans les épîtres, comme celle de Paul aux Corinthiens.

« Les chrétiens ont donné ce qu'ils pouvaient, et même plus que cela, j'en suis témoin. Ils l'ont fait, et pourtant, on ne leur a rien demandé. Beaucoup de souffrances les ont mis à l'épreuve, mais ils sont restés très joyeux. Et ils ont donné beaucoup, sans compter, malgré leur très grande pauvreté. Ils ont offert leur personne au Seigneur, ensuite à nous, parce que Dieu le voulait. Cela a dépassé notre attente. » **2 Corinthiens 8 : 2 - 3, 5**

Les premiers chrétiens rendaient compte de tous leurs biens aux apôtres, qui les géraient pour le bien de l'Église et pour assurer les meilleures conditions de vie aux chrétiens de l'époque. Le Saint-Esprit était impliqué au point qu'il a été attristé et a agi en conséquence du mensonge d'Ananias et Saphira.

Quel est le montant ou la proportion de ce que nous devons donner ?

Cette question ne se pose pas dans l'Ancien Testament, car il s'agissait d'une portion d'un dixième, soit 10% de tout ce que Dieu avait donné. Dans la Nouvelle Alliance, étant donné que Dieu est la source de tout, nous pouvons donc donner au-delà de ce qui est prévu. Les offrandes et les dons consistent donc à nous donner d'abord nous-mêmes, puis ce que Dieu nous a donné. Je crois donc que dans la Nouvelle Alliance, il faut donner selon le principe de la proportionnalité de sa prospérité, du nécessaire et non du superflu, selon la résolution du cœur.

C'est pour cette raison que Paul félicitait les Corinthiens qui avaient donné au-delà **(voir 2 Corinthiens 8).**

« Ils ont offert leur personne au Seigneur, ensuite à nous, parce que Dieu le voulait. Cela a dépassé notre attente ».

Dans la liberté du Saint Esprit, je crois que les dons et les offrandes peuvent être donnés selon la conviction de chacun, tant en ce qui concerne le montant que les bénéficiaires, tout en respectant les principes du partage, du non superflu et de la proportionnalité mentionnée précédemment.

Chapitre IX

Les autres portions du salaire

Après avoir examiné la part la plus significative de notre rémunération, il est maintenant temps de se pencher sur les autres portions tout aussi importantes de notre revenu. Dieu considère autant la dîme que les autres portions, car tout cela entre dans notre patrimoine, et comme nous l'avons précédemment souligné, cela lui appartient.

La portion de consommation estimée à 30%

Il n'y a pas d'instruction biblique ou de proportion précise qui nous permette de déterminer cette part, mais dans le monde bancaire, il est généralement admis qu'une personne dont les charges dépassent 30% de ses revenus peut rencontrer des problèmes financiers et est considérée comme étant à risque lorsqu'il s'agit de lui accorder un prêt. Les bailleurs et les prêteurs veulent s'assurer que le coût de ton hypothèque ne dépasse pas ce pourcentage, afin de garantir que tu seras en mesure de rembourser. Pour quelqu'un qui gagne le salaire minimum de 1200$, ses dépenses courantes ne devraient donc pas dépasser 360$.

C'est clairement insuffisant ! Tu as bien raison ! Avec cette rémunération, il est difficile de vivre convenablement. Les gens sont souvent obligés de dépasser les 30% pour subvenir à leurs besoins. Sinon, ils doivent compter sur l'aide de l'État pour s'en sortir et vivre dans les conditions acceptables.

Cependant, si tes dépenses courantes dépassent les 30%, tu rencontreras certainement des difficultés pour faire face aux autres postes de ton budget.

Il convient de préciser que cette portion n'est pas rigide, mais elle offre une marge raison- nable pour rester dans des limites acceptables en termes de dépenses. Il faut donc la compenser avec les autres portions qui suivent.

La portion d'épargne estimée à 20%, soit un cinquième

Cette proportion ou cette portion est tirée des principes émis par Joseph lorsqu'il a fallu répondre à la crise d'Égypte.

« Que Pharaon établisse des commissaires sur le pays, pour lever un cinquième des récoltes de l'Egypte pendant les sept années d'abondance » **Genèse 41 : 34.**

Sans en faire un principe, il est donc possible de se fonder sur cette stratégie de Joseph pour dégager la portion devant nous servir pour répondre aux moments difficiles ou aux temps de crise. C'est donc raisonnable de prévoir cette portion pour son épargne.

La portion d'investissement estimée à 30%

Si environ 30% de ton salaire est consacré à tes dépenses courantes, il est recommandé d'investir une proportion équivalente pour assurer ta consommation future. Il est clair que ce principe n'est pas rigide et dépend de chaque personne et de chaque revenu. Cependant, c'est une proportion raisonnable.

Plus tu investis dans ton propre business, plus tu deviens indépendant. Je préfère me discipliner aujourd'hui pour investir autant que possible afin de devenir financièrement indépendant d'un employeur le plus tôt possible.

L'autonomie financière devrait être l'objectif de tout salarié dans la vie. Jacob l'a compris après 14 ans, mais je crois que tu peux y parvenir plus tôt également.[14]

Si tu gagnes 1 000$ de salaire et que tu investis 30%, soit 300$ par mois, tu auras investi 3 600$ après un an et 36 000$après dix ans. Si tu appliques un taux de rendement (capacité multiplicative) à ton investissement soit un minimum, par exemple, de 10% l'an de

---

[14] **Genèse 31 : 1 - 3** *« Jacob entendit les propos des fils de Laban, qui disaient : Jacob a pris tout ce qui était à notre père, et c'est avec le bien de notre père qu'il s'est acquis toute cette richesse. Jacob remarqua aussi le visage de Laban ; et voici, il n'était plus envers lui comme auparavant. Alors l'Éternel dit à Jacob : Retourne au pays de tes pères et dans ton lieu de naissance, et je serai avec toi. »*

production, tu auras produit 3 600$ dans une période de 10 ans. Avec ce montant, dans dix ans, tu peux produire environ 3 600$ par an, soit environ 300$ par mois, l'équivalent de 30% du salaire que tu gagnais il y a dix ans.

En dix ans, tu seras en mesure, uniquement avec tes investissements, de te payer déjà un minimum de 30% de ce que tu gagnes aujourd'hui comme salaire. Avec un bon investissement, tu pourrais normalement te payer une bonne partie de ton salaire d'aujourd'hui. Il est possible que dans dix ans tu sois en mesure de te payer environ 30% du même salaire que tu gagnes aujourd'hui, par tes propres investissements.

Toute ta consommation future est ainsi garantie. Souviens-toi que tu avais seulement besoin de 300$ pour tes charges courantes. Est-ce qu'il y aura dévaluation ? Évidemment, mais ton investissement s'adapter à toutes les fluctuations des coûts et de la valeur de la monnaie, car l'investissement n'est pas statique, contrairement à l'épargne. La valeur de ton épargne d'aujourd'hui sera presque la même demain en raison du taux d'intérêt très bas qui est appliqué.

Portion pour la libéralité pour les pauvres soit environ 10%

La Bible nous encourage à prendre soin des autres, y compris des membres de notre famille, en prévoyant dans notre budget les ressources nécessaires pour le faire. Le plus grand défi survient lorsque nos besoins dépassent ce que nous avons prévu en termes de proportions de notre salaire. Comment faire face à cela ? Nous pouvons le faire une fois, mais si chaque fois notre aide dépasse ce que nous avons prévu, nous risquons de déséquilibrer les répartitions de notre salaire.

Ces propositions de portions de salaire ne sont pas rigides

Comme mentionné précédemment, chacun peut consacrer autant d'argent à l'investissement plutôt qu'à l'épargne en fonction de ses priorités. D'autres peuvent prévoir des sommes pour les vacances et les loisirs. Cependant, le principe fondamental réside dans la multiplication des ressources en privilégiant l'investissement plutôt que toute autre alternative. Le reste est sujet à la flexibilité en fonction des circonstances de chacun.

Les offrandes et les libéralités

La question des offrandes doit d'abord être examinée dans le contexte de la nouvelle alliance, car il faut comprendre que le principe des offrandes dans l'ancienne alliance n'est plus le même de nos jours. Il est donc intéressant de remonter à l'origine des offrandes.

Qui a appris à l'homme à faire des offrandes ? Qui lui en a demandé ?

Lorsque nous lisons le livre de Genèse, nous ne voyons pas où Dieu a instruit Adam et Ève de lui apporter des offrandes. D'où vient donc le principe ou la loi des offrandes ?

Dieu est par essence lui-même un donneur

« Puis Dieu dit : Faisons l'homme à notre image, selon notre ressemblance, et qu'il domine sur les poissons de la mer, sur les oiseaux du ciel, sur le bétail, sur toute la terre, et sur tous les reptiles qui rampent sur la terre. Dieu créa l'homme à son image, il le créa à l'image de Dieu, il créa l'homme et la femme. » **Genèse 1 : 26 - 27.**

La plus grande offrande que Dieu puisse faire est le don de lui-même. En créant l'homme à son image et à sa ressemblance, Dieu a également conféré à l'homme la divinité et la nature divine, démontrant ainsi que Dieu offre le meilleur de lui-même à l'humanité.

Le plus grand est celui qui donne, et non celui qui reçoit. Notre grandeur est déterminée par notre capacité à donner, et non à recevoir.

En réalité, Dieu n'a pas vraiment besoin que nous lui donnions quelque chose, car c'est lui qui a donné le premier. Tout ce que nous pouvons lui donner est un acte de reconnaissance, de gratitude et de remerciement.

Celui qui aime n'a pas besoin de recevoir, mais plutôt de donner. Dieu a donc donné tout ce qu'il avait de meilleur à l'homme, y compris un environnement et un habitat idéal dans le jardin d'Eden.

Donner est l'expression de l'amour

« Car Dieu a tant aimé le monde qu'il a donné son Fils unique, afin que quiconque croit en lui ne périsse point, mais qu'il ait la vie éternelle. » **Jean 3 : 16**

Après avoir donné sa divinité et sa nature, Dieu n'a pas cessé de donner en dépit de la déception et du péché de l'homme. Dieu a encore donné son Fils bien-aimé en qui Il avait mis toute son affection, pour racheter l'homme, le sauver du péché et lui offrir gratuitement la vie éternelle.

Qu'y a-t-il de meilleur qu'une vie abondante et une éternité assurée dans sa présence ! Dieu n'attend rien de plus de l'homme que de recevoir avec foi et joie ce merveilleux cadeau.

Le véritable amour consiste à donner sans rien attendre en retour. Nous donnons sans attendre quelque chose en retour, simplement parce que nous aimons. Malheureusement, l'amour est de plus en plus corrompu par des motivations égoïstes et intéressées.

Je ne devrais pas donner parce que l'autre va me rendre quelque chose, ou aimer en espérant recevoir quelque chose en retour ou un privilège.

J'ai l'habitude de dire que l'amour est devenu capitaliste, où tout est conditionné par des intérêts personnels, au point où je donne en espérant recevoir en retour.

Pire encore, nous donnons à Dieu d'abord avec l'espoir de recevoir en retour, de récolter au centuple, plutôt que par un véritable amour désintéressé. Cela a vraiment faussé notre manière de donner, le geste étant motivé non pas par l'amour, mais plutôt par l'attente de la loi des semailles et des moissons, anticipant une récompense proportionnelle à ce que nous avons offert. Donner et offrir devraient être motivés par l'amour et non par une quelconque récompense, avantage, rémunération, bénédiction ou encore récolte.

La première offrande faite par l'homme ne lui a pas été demandée par Dieu : Offrande d'Abel

« Elle enfanta encore son frère Abel. Abel fut berger, et Caïn fut laboureur. Au bout de quelque temps, Caïn fit à l'Éternel une offrande des fruits de la terre ; et Abel, de son côté, en fit une des premiers-nés de son troupeau et de leur graisse. L'Éternel porta un regard favorable sur Abel et sur son offrande ; mais il ne porta pas un regard favorable sur Caïn et sur son offrande. Caïn fut très irrité, et son visage fut abattu. » **Genèse 4 : 2 - 5.**

Ce texte illustre la première mention de l'offrande. Bien que Caïn et Abel ne soient pas les premiers hommes, il est fort probable qu'ils aient vu leurs parents en train de faire des offrandes à Dieu, ce qui les a incités à continuer cette pratique afin de la transmettre à leur tour. Il est donc important de dégager quelques principes puissants de ce texte :

1. La première fois que l'homme offre à Dieu, cela ne lui a pas été demandé. C'était une loi inscrite dans le cœur de l'homme depuis sa création à l'image de Dieu, suivant ainsi la nature même de Dieu. Souvenons-nous qu'il est essentiellement un donneur, et par conséquent, l'homme est également un donneur par nature.

2. Une bonne offrande ne devrait pas être demandée. Elle devrait être volontaire, émanant du donateur lui-même. Étant un acte d'amour, il est essentiel que cela vienne du cœur et qu'il ne soit pas simplement une réponse à une demande ou une attente. Lorsqu'on vous demande une offrande, il faut comprendre qu'il y a déjà quelque chose qui manque : il y a un manque d'amour et il y a une absence de connaissance de la manifestation de l'amour par l'acte de donner.

3. Dieu ne dissocie pas la personne qui donne de son offrande. Le cœur de celui qui donne et son offrande intéressent Dieu au même titre. C'est ainsi que Dieu a agréé Abel et son offrande.

L'auteur de l'Épître aux Hébreux nous donne la raison pour laquelle l'offrande d'Abel a été agréée : la foi.

« Abel a cru en Dieu, alors il a offert un sacrifice meilleur que celui de Caïn. Parce qu'Abel a cru,

Dieu lui-même a accepté ses dons et lui a fait savoir qu'il était juste. Abel est mort, et pourtant, à cause de sa foi, son message se fait encore entendre. » **Hébreux 11 : 4.**

4. La nature de la personne qui donne l'offrande intéresse Dieu et détermine son agrément. Dieu souhaite que nous nous offrions d'abord nous-mêmes avant d'apporter notre offrande. Paul le souligne de manière différente.

« Je vous exhorte donc, frères, par les compassions de Dieu, à offrir vos corps comme un sacrifice vivant, saint, agréable à Dieu, ce qui sera de votre part un culte raisonnable. » **Romains 12 : 1**

Dans la nouvelle alliance, l'offrande que nous sommes est vivante, elle parle, elle loue Dieu contrairement aux offrandes de l'ancienne alliance qui n'avaient pas de voix. Le chrétien est lui-même la plus grande offrande à Dieu, le reste est accessoire. Si les prémices sont saintes la masse l'est aussi.

« Or, si les prémices sont saintes, la masse l'est aussi ; et si la racine est sainte, les branches le sont aussi. » **Romains11 : 16.**

L'offrande de Noé et la loi des semailles et de la moisson

« Noé bâtit un autel à l'Éternel ; il prit de toutes les bêtes pures et de tous les oiseaux purs, et il offrit des holocaustes sur l'autel. L'Éternel sentit une odeur agréable, et l'Éternel dit en son cœur :

Je ne maudirai plus la terre, à cause de l'homme, parce que les pensées du cœur de l'homme sont mauvaises dès sa jeunesse ; et je ne frapperai plus tout ce qui est vivant, comme je l'ai fait. Tant que la terre subsistera, les semailles et la moisson, le froid et la chaleur, l'été et l'hiver, le jour et la nuit ne cesseront point. » **Genèse 8 : 20 - 22.**

C'est la deuxième fois que nous voyons l'homme faire une offrande à Dieu, et une fois de plus, ce n'est pas Dieu qui l'a demandée, il s'agit donc d'une offrande volontaire. Voici quelques principes qui en découlent :

1. Noé connaissait le concept des offrandes et des autels, il a offert volontairement sans que Dieu ne le lui demande.

2. Il s'agit d'une offrande de reconnaissance après avoir été épargné par les eaux du déluge.

3. Lorsque nous offrons des offrandes d'actions de grâce ou de reconnaissance, Dieu n'y reste pas insensible, il est capable de changer ses décrets ou jugements.

4. Les offrandes créent et renforcent les lois et les principes de Dieu.

5. Les offrandes touchent le cœur de Dieu.

L'offrande d'Abraham pour offrir le meilleur à Dieu

« Après ces choses, Dieu mit Abraham à l'épreuve, et lui dit : Abraham ! Et il répondit : Me voici ! Dieu dit : Prends ton fils, ton unique, celui

*que tu aimes, Isaac ; va-t'en au pays de Morija, et là offre-le en holocauste sur l'une des montagnes que je te dirai. Abraham se leva de bon matin, sella son âne, et prit avec lui deux serviteurs et son fils Isaac. Il fendit du bois pour l'holocauste, et partit pour aller au lieu que Dieu lui avait dit. Alors Isaac, parlant à Abraham, son père, dit : Mon père ! Et il répondit : Me voici, mon fils ! Isaac reprit : Voici le feu et le bois ; mais où est l'agneau pour l'holocauste ? Abraham répondit : Mon fils, Dieu se pourvoira lui-même de l'agneau pour l'holocauste. Et ils marchèrent tous deux ensemble. Lorsqu'ils furent arrivés au lieu que Dieu lui avait dit, Abraham y éleva un autel, et rangea le bois. Il lia son fils Isaac, et le mit sur l'autel, par-dessus le bois. Puis Abraham étendit la main, et prit le couteau, pour égorger son fils. Alors l'ange de l'Éternel l'appela des cieux, et dit : Abraham ! Abraham ! Et il répondit : Me voici ! L'ange dit : N'avance pas ta main sur l'enfant, et ne lui fais rien ; car je sais maintenant que tu crains D*ieu, *et que tu ne m'as pas refusé ton fils, ton unique. Abraham leva les yeux, et vit derrière lui un bélier retenu dans un buisson par les cornes ; et Abraham alla prendre le bélier, et l'offrit en holocauste à la place de son fils. Abraham donna à ce lieu le nom de Jehova-Jiré. C'est pourquoi l'on dit aujourd'hui : A la montagne de l'Éternel il sera pourvu. Et dit : Je le jure par moi-même, parole de l'Éternel ! Parce que tu as fait cela, et que tu n'as pas refusé ton fils, ton unique, L'ange de l'Éternel appela une seconde fois Abraham des cieux, je te bénirai et je* *multiplierai ta postérité, comme les étoiles du ciel et comme le sable qui est sur le bord de la mer ; et ta postérité possédera la porte de ses ennemis. Toutes les nations de la terre seront bénies en ta postérité, parce que tu as obéi à ma voix. »* **Genèse 22 : 1 - 3,7 - 18.**

En parcourant le livre de la Genèse, nous constatons que c'est la première fois que nous voyons l'homme donner à Dieu en réponse à sa demande. Il est donc important de considérer les principes qui découlent de cette demande d'offrande divine :

1. La première fois que Dieu demande à l'homme une offrande, c'est pour le mettre à l'épreuve, tester son amour et sa crainte, comme avec Abraham.

2. Dieu souhaite tester l'amour d'Abraham en relation avec la promesse et le résultat de sa propre bénédiction. C'est Dieu qui avait donné à Abraham Isaac comme descendance après une longue attente.

3. Dieu veut voir si tu es prêt à lui offrir le meilleur de tes richesses ou dons.

4. Dieu apprécie notre crainte à travers notre capacité à sacrifier ce que nous avons de plus précieux : *« N'avance pas ta main sur l'enfant, et ne lui fais rien ; car je sais maintenant que tu crains Dieu, et que tu ne m'as pas refusé ton fils, ton unique » ;*

5. Chaque fois que Dieu te demande ce que tu as de meilleur, il teste ton amour et ta crainte envers lui.

6. Chaque épreuve concernant ce que tu possèdes est un test pour évaluer ton amour et te confirmer certaines promesses auxquelles il souhaite s'engager à nouveau.

7. Jésus a également soumis un jeune homme au même test, lorsqu'il cherchait à savoir ce qu'il devait faire pour obtenir la vie éternelle.[15] Le jeune homme voulait tout faire sans sacrifier ses biens, car il était attaché à ses biens. En réalité, il

---

[15] **Matthieu 19 : 16 - 23** *« Et voici, un homme s'approcha, et dit à Jésus : Maître, que dois-je faire de bon pour avoir la vie éternelle ? Il lui répondit : Pourquoi m'interroges-tu sur ce qui est bon ? Un seul est le bon. Si tu veux entrer dans la vie, observe les commandements. Lesquels ? Lui dit-il. Et Jésus répondit : Tu ne tueras point ; tu ne commettras point d'adultère ; tu ne déroberas point ; tu ne diras point de faux témoignage ; honore ton père et ta mère ; et tu aimeras ton prochain comme toi-même. Le jeune homme lui dit : J'ai observé toutes ces choses ; que me manque- t-il encore ? Jésus lui dit : Si tu veux être parfait, va, vends ce que tu possèdes, donne-le aux pauvres, et tu auras un trésor dans le ciel. Puis viens, et suis-moi. Après avoir entendu ces paroles, le jeune homme s'en alla tout triste ; car il avait de grands biens. Jésus dit à ses disciples : Je vous le dis en vérité, un riche entrera difficilement dans le royaume des cieux. »*

pensait qu'il était possible de s'attacher à Dieu sans renoncer à ses biens. Dieu con- sidère autant ta sanctification que ta générosité, tes offrandes, tes aumônes et tes dons aux pauvres.

8. Tu ne peux pas servir Dieu sans que tes biens ne Le servent également.

9. Dieu a toujours une provision lorsqu'il te demande quelque chose. Ce qui quitte ta main est toujours remplacé par sa provision.

10. Chaque fois que Dieu te demande quelque chose, Il te donne l'opportunité de recevoir ses bénédictions et de multiplier ce que tu lui donnes ou sacrifices.

11. Dieu te garantit la domination sur tes ennemis lorsque tu Lui offres ce que tu as de meilleur dans ta vie. Dieu s'occupe des ennemis de ceux qui savent Lui offrir.

12. Être attaché aux biens ou aux richesses peut te coûter l'accès au Royaume de Dieu.

Le principe de la divisibilité de la prospérité

« L'ancien, à Gaïus, le bien-aimé, que j'aime dans la vérité. Bien-aimé, je souhaite que tu prospères à tous égards et sois en bonne santé, comme prospère l'état de ton âme. » **3 Jean 1 : 1 - 2.**

Ce passage met en évidence l'un des principes importants de la prospérité. Elle est divisible en ce sens qu'elle peut concerner plusieurs domaines de la vie d'une personne. Ici, il met en avant la prospérité de la santé et celle de l'âme.

L'Apôtre Jean n'a simplement pas énuméré les autres aspects de la prospérité, se concentrant plutôt sur la santé et l'état de l'âme. Nous pouvons donc inclure dans la prospérité de l'âme d'autres dimensions telles que la prospérité émotionnelle, sentimentale, etc.

La volonté de Dieu est que nous puissions prospérer de la même manière dans tous les domaines.

Il est donc logique que chaque domaine de prospérité ait ses propres exigences. La prospérité financière ne répond pas à la même équation que la prospérité spirituelle. De même, la prospérité de la santé ne répond pas aux mêmes exigences que la prospérité de l'âme.

Une vie équilibrée est celle où nous réussissons à prospérer dans tous les aspects. L'ignorance de ce principe de la divisibilité de la prospérité a conduit certains chrétiens à appliquer les principes de la prospérité spirituelle en croyant que cela aurait un impact sur leur situation financière.

Cependant, la prospérité financière est le résultat du travail, de la vision, de l'investissement et de l'application des principes bibliques en matière de travail et de gestion des richesses.

Bien que ces prospérités répondent chacune à leurs exigences spécifiques, elles sont néanmoins liées entre elles de telle manière que l'une peut influencer l'autre. Par exemple, une personne qui prospère spirituellement peut recevoir une révélation concernant le domaine dans lequel elle souhaite investir, mais ensuite elle devra mettre en pratique les modèles et les principes divins du travail.

De même, une personne peut être pros- père financièrement et spirituellement, mais souffrir d'une mauvaise santé en raison d'une alimentation déséquilibrée ou d'une maladie. Par conséquent, elle ne pourra pas pleinement profiter de ses ressources financières en raison des problèmes de santé liés à une mauvaise alimentation ou à un manque d'exercice physique.

Il y a des décennies, les églises dites de réveil avaient oublié les principes divins du travail, au point d'être souvent identifiées par leur pauvreté ou leur incapacité à influencer la situation sociale, économique et financière de leurs membres.

De nos jours, les révélations sur la prospérité financière sont disponibles, mais malheureusement, la tendance actuelle est de négliger la prospérité de l'âme au profit d'une focalisation excessive sur la prospérité financière. Cela me pousse souvent à dire que l'église a intégré le capitalisme (avec l'intérêt au centre) au mépris des principes d'amour sincère et de communion fraternelle.

Cet ouvrage présente dans les pages précédentes un bon catalogue des principes et exigences de la prospérité financière. Cependant, celle-ci ne devrait pas être l'objectif principal ni la poursuite de toute personne, car elle n'est qu'une ressource disponible pour atteindre sa destinée.

Chapitre X

Préparer sa vieillesse et sa retraite.

Dieu a établi un ordre dans lequel il y a un temps pour naître, grandir et finalement mourir. L'Ecclésiaste l'exprime de manière encore plus claire :

« Il y a un temps pour tout, un temps pour toute chose sous les cieux : un temps pour naître, et un temps pour mourir ; un temps pour planter, et un temps pour arracher ce qui a été planté ; un temps pour tuer, et un temps pour guérir ; un temps pour abattre, et un temps pour bâtir » **Ecclésiaste 3 : 1 - 3.**

La vieillesse fait partie des réalités que Dieu ne peut empêcher tant que nous sommes sur terre. Il ne peut arrêter le temps, et donc la vieillesse est un corollaire inévitable du temps. Il est clair qu'avec l'âge, nous ne serons pas en mesure de travailler de la même manière, notamment lorsque nous atteignons l'âge de 65 ans ou plus.

Dans le monde professionnel, il est question de prendre sa retraite, et pendant cette période, notre revenu sera fourni par les cotisations accumulées durant nos années de travail.

Le principe est simple : ceux qui travaillent encore cotisent pour ceux qui ne travaillent plus ou qui sont à la retraite. C'est un système mis en place par les États pour faire face aux défis liés aux pensions de retraite des citoyens. Toutefois, il est préoccupant de constater que de nombreux retraités, en raison du vieillissement de la population et du taux d'inflation, voient leurs revenus diminuer.

En effet, certaines pensions ne représentent plus que 40% du dernier salaire, ce qui est insuffisant pour vivre convenablement. De plus, les besoins augmentent avec l'âge et le temps. Cette réalité conduit de nombreux retraités à vivre dans la précarité, puisqu'ils ont du mal à subvenir à leurs besoins avec une pension réduite d'environ 50%.

C'est donc la raison pour laquelle l'investissement est la meilleure alternative pour ceux qui veulent garantir une retraite ou une pension. Il est essentiel de s'assurer que les investissements demanderont moins de sollicitations en fonction de l'âge et de la force de la personne.

Il est évident que compter uniquement sur les cotisations de retraite ne suffit pas à garantir une vieillesse ou une retraite confortable.

Dans ce contexte, il est sage de se tourner vers des investissements passifs, qui ne demandent pas de force physique ou d'énergies considérables. Les actions, les placements boursiers intelligents et peu risqués, l'immobilier, entre autres, peuvent être des choix judicieux. Que la sagesse du Saint-Esprit vous soit favorable dans les décisions !

En approchant de la retraite, il est également sage de choisir des investissements qui ne sont pas trop exigeants physiquement et émotionnellement. Ainsi, vous pourrez les gérer plus facilement sans être excessivement sollicité. Tes cotisations ou ta pension ne constituent pas une garantie suffisante pour vivre dans de bonnes conditions à l'avenir.

La révolte des « gilets jaunes » en France le 17 novembre 2018 a justement illustré les défis liés à la retraite lorsqu'on ne peut compter que sur celle-ci.

Chapitre XI

La place de la grâce dans le travail et les projets.

Lévitique 25 : 20 - 21 PDV. *« Vous allez peut-être vous demander : « Qu'est-ce que nous allons manger la septième année ? En effet, nous ne devons pas semer, nous ne devons pas faire de récoltes. » Eh bien, je vous bénirai la sixième année. Je commanderai à la terre de donner des récoltes pour trois ans. »*

Pour un enfant de Dieu, la grâce représente la faveur imméritée de Dieu. Elle n'est pas conditionnée par notre capacité de travailler, d'investir ou de planifier, mais elle est ce que Dieu décide de nous accorder indépendamment de nos propres efforts.

La grâce ne respecte pas les principes ou les lois relatives aux semailles et moissons, au travail à l'investissement, mais elle permet d'atteindre leurs résultats sans moyens proportionnels.

La grâce de Dieu permet que tu sèmes et récoltes non seulement dans une année ou une saison, mais sur une période de trois ans ou trois saisons. Elle permet également à Dieu de multiplier tes investissements d'une manière extraordinaire, qui ne suit pas les lois ordinaires. Elle multiplie de manière inexplicable et exponentielle. C'est la faveur imméritée de Dieu.

Cette grâce est capable de te permettre de profiter des fruits de récolte d'une année pendant plusieurs années ou de produire les récoltes de trois années en une seule semence. Dans cette faveur imméritée, non seulement toi, mais aussi ta famille, pourront bénéficier de meilleures productions

Lorsque Dieu multiplie tes récoltes, tes richesses et tes investissements de manière inattendue, tu reconnaîtras qu'il l'a fait pour que le monde puisse également en profiter.

Ce texte de Lévitique nous enseigne sur la grâce ce qui suit :

1. La grâce est le commandement de Dieu, l'ordre divin à la nature de te donner ce que tu ne mérites pas. (Je commanderai à la terre de donner des récoltes pour trois ans) ;

2. La grâce de Dieu te garantit suffisamment au-delà des années espérées pour ton travail ;

3. Dieu te donne une récolte exponentielle pour te fournir la nourriture pendant plu- sieurs années. Comme Isaac qui a semé et récolté au centuple, c'est la bénédiction au niveau de la grâce ;

4. La grâce fait que nous restions humbles, car ce que nous avons n'est pas proportionnel à notre travail ou à nos investissements, mais c'est une faveur imméritée de Dieu.

J'aime la grâce, car elle nous rappelle nos limites en tant qu'êtres humains. Nous avons besoin de l'humilité pour reconnaître la faveur imméritée de Dieu. Il y a des moments dans la vie où nous réalisons que seul Dieu est capable de nous donner ce que nous n'avons pas mérité, et cela ne dépend ni de notre force, ni de notre intelligence, ni de notre sagesse.

Je prie que Dieu puisse commander à mes productions et à mes investissements de dépasser mes attentes et mes efforts.

Chapitre XII

Processus vers la multiplication des richesses.

Vision et imagination

Pour travailler selon le modèle divin, le Créateur nous a donné d'autres atouts et outils très importants pour concrétiser et réaliser les plans et missions dans lesquels Dieu nous implique. Ce chapitre sera consacré à la vision en tant qu'outil ou processus vers la multiplication des richesses et des talents.

La vision ?

Le texte clef sur lequel nous nous appuierons pour définir la vision se trouve dans **Proverbes 29 : 18 :** *« Quand personne ne prévoit l'avenir, le peuple vit dans le désordre » **(PDV)***

*« Lorsqu'il n'y a plus de vision de l'avenir, un peuple vit dans le désordre. » **(BFC)***

*« Quand il n'y a plus de révélation divine, le peuple se laisse aller » **(BDS)***

En combinant ces trois versions, nous proposons la définition suivante :

Une vision est une prévision, reçue par révélation divine, de l'avenir afin d'éviter de vivre dans le désordre dans le présent ou aujourd'hui. C'est aussi la capacité de voir, de prévoir ou d'avoir une image de son avenir aujourd'hui par révélation, pour éviter de mener une vie désorganisée.

La vision te permet de voir ou de prévoir ton avenir afin que ta vie présente en soit affectée. En d'autres termes, elle t'empêche de vivre dans le désordre aujourd'hui.

Ne pas avoir de vision pour ton avenir te condamne à vivre dans le désordre aujourd'hui. Le manque de vision affecte autant ton présent que ton avenir.

Quelle calamité ! Puisque tu vis dans le désordre aujourd'hui par manque de vision, tu risques d'hypothéquer ton avenir.

La vision est également une idée ou des idées concernant ta vie ou quelque chose en particulier, c'est une image mentale.

C'est une expérience dans laquelle tu voyages avec ton esprit pour voir des choses dans ton avenir, mais qui n'existent pas encore physiquement. Ton esprit en est puissamment et profondément affecté.

En réalité, Dieu t'a créé avec cette vision ou avec toutes ces idées et images qu'Il a déposées en toi. Elles sont enfouies en toi, mais il faut les faire ressortir, car Dieu veut que tu sois cocréateur avec Lui.

Les caractéristiques de la vision

1. La vision doit être microscopique

Elle a la capacité de révéler les détails invisibles à l'œil nu. Elle peut agrandir ou faire apparaître des choses qui ne sont pas facilement perceptibles. Elle nous amène à nous connaître ou à nous découvrir dans les moindres recoins de notre vie, à découvrir nos capacités, nos talents et même nos aptitudes importantes pour notre destinée. L'objectif est de nous permettre de saisir ces détails, de les comprendre pour que nous puissions les mettre à profit pour notre destinée. Il y a des détails dans la vie de Jésus-Christ qui peuvent nous apporter beaucoup d'informations sur sa mission : Il est né à Bethlehem, la maison du pain, et est sorti de Nazareth, un endroit d'où on n'attendait rien de bon.

Il y a des informations ou des détails de notre vie qui sont des indications sur notre destinée ; ce sont des choses qui, à première vue, peuvent ne rien nous dire.

Actions possibles :

- Quels sont mes dons ?

- Quelles sont les choses que je fais sans effort ?

- Quelles sont mes capacités et mes aptitudes ?

- Quelles sont les choses que je fais facilement, sans effort, mieux que les autres ?

- Quelles sont les choses que je fais facile- ment sans les avoir apprises à l'école ou à l'université ?

- Quels sont les traits de caractère que j'ai sans les avoir appris ?

2. La vision doit être télescopique.

Elle a la capacité d'amener les choses qui sont très éloignées à notre portée visuelle, des choses que nous ne pouvons pas voir à l'œil nu. Elle les rapproche de nous, nous permettant de les voir.

La vision rapproche notre avenir, qui est lointain, pour que nous puissions prendre des décisions dans le présent en tenant compte de toutes ces réalités. Elle rend les choses lointaines plus proches et visibles, pour que nous en soyons conscients. Sans la conscience du futur, nous ne pouvons pas prendre les meilleures décisions pour notre avenir. La vision te permet d'amener ton avenir dans le présent.

(Prenons l'exemple de la vision d'Abraham concernant les étoiles ; il pouvait les voir et les ramener dans le présent en commençant à les compter.[16]

---

[16] **Genèse 15 : 5 PDV**. *« Le Seigneur conduit Abram dehors. Il lui dit : « Regarde le ciel et compte les étoiles si tu peux. » Puis il ajoute : « Ceux qui naîtront de toi seront aussi nombreux. »*

3. La vision est rétrospective.

Elle a également la capacité de puiser dans les évènements passés pour comprendre ce qui est attendu de nous. Moïse pouvait voir les souffrances d'Israël et ainsi mieux comprendre sa mission : *« J'ai vu la souffrance que mon peuple a endurée pendant près de 400 ans et maintenant j'ai décidé de sortir de cet esclavage ».*

Le passé ou les évènements du passé peuvent être des indicateurs de ce que Dieu veut faire dans le présent. Il est également possible de voir dans notre passé la main de Dieu ou les traces de sa main pour comprendre où Dieu veut nous conduire. En regardant en arrière, nous pouvons éviter certains échecs ou obstacles futurs dans notre vie.

La puissance de l'imagination dans la vision

Genèse 11 : 1 – 6

L'imagination est l'une des parties les plus importantes de la vision. Elle est également la partie de divinité que l'homme a reçue pour aller au-delà de ce qu'il voit.

Quand Dieu a créé les cieux et la terre, Il avait déjà leur image. Il savait pourquoi Il fallait la terre, l'eau, la lumière et Il connaissait le rôle de chaque création. C'est la raison pour laquelle il y avait un ordre réel dans la création. Les cieux et la terre existaient dans l'imagination de Dieu. Il avait l'image de ce qu'Il allait mettre en place. L'homme et la femme existaient aussi dans cette imagination. Dieu avait donc dans son imagination les cieux, la terre, les hommes et comment ces derniers allaient Lui ressembler. Nous existions avant la fondation du monde ; en d'autres termes, nous existions déjà dans l'imagination de Dieu avant notre création.

Le récit de la création dans Genèse n'est pas le fruit du hasard. Lorsque nous observons attentivement la beauté, l'ordre et les armées des cieux et de la terre, cela ne peut pas être le résultat du hasard. Dieu connaissait et savait parfaitement comment les choses allaient évoluer et fonctionner dans la nature.

Dieu avait déjà dans son imagination l'existence de l'homme et de l'environnement dans lequel il serait placé. L'imagination nous permet de créer, d'inventer, de penser ou de croire sans aucune référence...

Dans la vision, il y a toujours une part d'imagination, c'est notre côté de la divinité ; sortir des choses que nous n'avons jamais vues physiquement.

C'est la création, sortir des choses du néant et planifier pour les atteindre dans le futur ; imaginer comment une entreprise, un projet peut se réaliser dans l'avenir.

Les différentes compréhensions de l'imagination :

1. L'imagination est le caractère de la divinité qu'Il nous a donné lorsqu'Il nous a créés à son image.

2. Sans l'imagination, notre vision pourrait simplement être une copie ou du déjà-vu ;

3. Sans l'imagination, ta vision ne serait pas unique.

4. Dieu te donne une vision, mais Il te donne la capacité de développer ses détails par l'imagination.

5. L'imagination est la partie de la vision qui te garantit les particularités.

6. Ton imagination est amplifiée par ta foi.

7. Ton imagination assure la créativité.

Dieu veut que nous apprenions à imaginer des choses, car cela fait partie de notre divinité, d'amener des choses qui n'existaient pas à l'existence.

Comment découvrir ta vision ?

1. Dieu

C'est Lui qui est notre créateur, il connaît notre raison d'être sur terre et pourquoi Il nous a créés. Dans la vision générale de Dieu, Il a dit : *« Faisons l'homme à notre image, selon notre ressemblance et qu'il domine... ».*

C'est la vision générale de l'homme, la raison.

Peu importe notre mission ou vision spécifique, nous devons régner dans trois sphères : sur la terre, sur les eaux et dans les airs.

C'est la raison que Dieu avait déclarée dans le livre de **Genèse 1 : 28. PDV.**

« Puis il les bénit en disant : « Ayez des enfants, devenez nombreux. Remplissez la terre et dominez-la. Commandez aux poissons dans la mer, aux oiseaux dans le ciel et à tous les animaux qui se déplacent sur la terre. » Dieu dit : « Sur toute la terre, je vous donne toutes les plantes avec leurs graines. Je vous donne aussi tous les arbres qui portent des fruits avec des pépins ou un noyau : ce sera votre nourriture. Et je donne toute l'herbe verte comme nourriture à tous les animaux de la terre, à tous les oiseaux, à toutes les bêtes qui se déplacent sur le sol, en un mot, à tout ce qui est vivant. » Et cela arrive. »

La vision générale de Dieu se trouve donc dans le livre de la création. Il est important de noter que dès la naissance, notre vision peut se clarifier ; les circonstances dans lesquelles nous naissons peuvent nous donner de précieuses indications sur notre vision ou notre mission sur terre.

Dans la nouvelle alliance, Jésus-Christ a réitéré une nouvelle vision générale sur la domination avec des termes assez similaires dans le livre de ***Matthieu 28 : 18 - 20***

« Jésus, s'étant approché, leur parla ainsi : Tout pouvoir m'a été donné dans le ciel et sur la terre. Allez, faites de toutes les nations des disciples, les baptisant

au nom du Père, du Fils et du Saint-Esprit, et enseignez-leur à observer tout ce que je vous ai prescrit. Et voici, je suis avec vous tous les jours, jusqu'à la fin du monde. »

Il est encore question de pouvoir et de domination sur la terre. Jésus-Christ a également transmis ce pouvoir. L'ennemi nous attaque dès la genèse parce qu'il a aussi des indications sur ce que pourra être notre mission dans la vie.

La meilleure façon de connaître sa vision est de retourner au Créateur, c'est lui qui connaît précisément la raison pour laquelle Il t'a créé. Il te donnera les grandes lignes de ta vie, mais pour le reste, tu le découvriras au fur et à mesure, et tu pourras aussi le déterminer par ton imagination, car Dieu t'a donné un côté divin.

Il y a des choses que tu peux faire que personne d'autre n'a jamais faites, à partir du néant, tu seras le premier à les réaliser. Dieu peut te parler par une voix audible pour te montrer ce que tu vas devenir, mais Il peut aussi le mettre dans ton cœur, ce qui est généralement le moyen le plus utilisé par Dieu.

Il est important de souligner que le fait de ne pas avoir vu ou entendu une voix ne signifie pas que cela ne vient pas de Dieu. L'Esprit lui-même témoigne à notre esprit que nous sommes enfants de Dieu.[17] C'est le même Esprit qui nous convainc de toutes choses, pas seulement du péché, mais également des visions

---

[17] Voir **Romains 8 : 16 BDS** *« L'Esprit lui-même rend témoignage à notre esprit que nous sommes enfants de Dieu. »*

et des projets. C'est par Dieu, que nous pouvons voir dans les personnes divines, le Père, Jésus-Christ[18] et le Saint-Esprit[19].

2. Par un prophète ou un serviteur de Dieu inspiré par Dieu

Dieu peut envoyer Son serviteur pour te communiquer Sa volonté. Il est important de noter que lorsque Dieu envoie son serviteur, celui-ci ne te donnera qu'une partie de la

---

[18] **Actes 9 : 3 - 6** *« Il se dirigeait donc vers Damas et approchait déjà de cette ville quand, soudain, il fut environné d'une lumière éclatante qui venait du ciel. Il tomba à terre et entendit une voix qui lui disait : Saul, Saul, pourquoi me persécutes-tu ? – Qui es-tu, Seigneur ? demanda-t-il. La voix reprit : Je suis, moi, Jésus, que tu persécutes. Mais relève-toi, entre dans la ville, et là on te dira ce que tu dois faire. »)*

[19] **Actes 13 : 2 - 5 BDS.** *« Un jour qu'ils adoraient ensemble le Seigneur et qu'ils jeûnaient, le Saint-Esprit leur dit : Mettez à part pour moi Barnabas et Saul pour l'œuvre à laquelle je les ai appelés. Alors, après avoir jeûné et prié, ils leur imposèrent les mains et les laissèrent partir. C'est donc envoyés par le Saint- Esprit que Barnabas et Saul descendirent à Séleucie, où ils s'embarquèrent pour l'île de Chypre. Une fois arrivés à Salamine, ils annoncèrent la Parole de Dieu dans les synagogues des Juifs. Jean-Marc était avec eux et les secondait. »*

connaissance de la vision. Il est donc crucial de ne pas se baser uniquement sur la parole de l'homme de Dieu ou sur la prophétie que tu as reçue de l'homme de Dieu.

Tu es le meilleur interprète de la prophétie qui te concerne, car tu te connais bien. Dieu ne peut pas révéler toute ta vie à un homme, Il lui donne juste une portion de connaissance. Il peut te conseiller, mais il est important d'examiner les autres révélations que tu as reçues toi-même. Dieu aime nous diriger de l'intérieur, et non de l'extérieur. C'est à toi de décider, et pas à l'homme de Dieu.

Un exemple est celui du prophète Agabus[20] qui a donné une prophétie à Paul, mais c'est Paul lui-même qui en a fait la meilleure interprétation. Il avait répondu qu'il était non seulement prêt à aller à Jérusalem, mais qu'il était aussi prêt d'y mourir pour la cause du Christ. Paul seul pouvait

---

[20] **Actes 21 : 10 - 14** *« Comme nous étions là depuis plu- sieurs jours, un prophète, nommé Agabus, descendit de Judée, et vint nous trouver. Il prit la ceinture de Paul, se lia les pieds et les mains, et dit : Voici ce que déclare le Saint-Esprit : L'homme à qui appartient cette ceinture, les Juifs le lieront de la même manière à Jérusalem, et le livreront entre les mains des païens. Quand nous entendîmes cela, nous et ceux de l'endroit, nous priâmes Paul de ne pas monter à Jérusalem. Alors il répondit : Que faites-vous, en pleurant et en me brisant le cœur ? Je suis prêt, non seulement à être lié, mais encore à mourir à Jérusalem pour le nom du Seigneur Jésus. Comme il ne se laissait pas persuader, nous n'insistâmes pas, et nous dîmes : Que la volonté du Seigneur se fasse ! »*

faire une bonne interprétation. Un prophète peut te donner une vision sans avoir reçu l'interprétation complète.

Il est donc préférable d'examiner les détails à sa disposition ou sa vie pour mieux comprendre la portée du message. Que de dégâts survenus et de décisions prises sur la base d'une seule parole ou prophétie, sans pousser plus loin l'interprétation !

3. Conviction

La conviction peut être définie comme l'état d'esprit d'une personne qui croit, pense et voit quelque chose avec certitude. Bien qu'elle puisse être liée à la foi, cette dernière est un acte d'esprit ou de volonté. Paul ne fait pas beaucoup de différence entre la conviction et la foi, au point que certaines versions les interchangent.

Romains 14 : 23 LSG *« Mais celui qui a des doutes au sujet de ce qu'il mange est condamné, parce qu'il n'agit pas par conviction. Tout ce qui n'est pas le produit d'une conviction est péché ».*

« Celui qui mange un aliment en n'étant pas sûr de bien faire, celui-là, Dieu le condamne. En effet, il n'agit pas en accord avec sa foi, et quand on n'est pas en accord avec la foi, on commet un péché. » ***PDV.***

De ce point de vue, la conviction est considérée comme une foi et à ce titre, elle doit être bâtie ou fondée sur la parole de Dieu. En écoutant la Parole de Dieu, nous construisons nos convictions qui deviennent le canal de communication et de force pour notre destinée. Il est important de préciser que nous pouvons aussi avoir de fortes convictions, mais bâties sur l'ignorance ou les connaissances limitées. Il est possible d'être convaincu tout en étant dans l'erreur. La conviction ne vous exonère pas de l'erreur, mais il est essentiel de se poser la question de sa source et de son fondement. Par exemple, si tu vis dans le péché, tu peux être convaincu par le mensonge, mais si tu lis la parole de Dieu, tu peux aussi avoir la certitude que Dieu t'a déjà pardonné.

Les convictions ont un impact si important sur nos visions qu'il est nécessaire qu'elles soient fondées sur les connaissances et les vérités bibliques. Ceux qui tuent au nom de Dieu sont convaincus qu'ils le font de la part de Dieu, et c'est pourquoi ils peuvent aller jusqu'au bout de leurs intentions, même si ce ne sont que des informations reçues ou des connaissances acquises. La solution serait de leur donner de bonnes connaissances, par exemple sur l'amour.

4. Personnalité (forces et dons, qualités)

Comme nous l'avons mentionné précédemment, Dieu nous donne des ressources pour atteindre notre destinée. Les dons, les qualités et les atouts sont généralement des indicateurs de notre mission. Par exemple, Moïse était un homme patient parce que sa mission l'exigeait. Avec un peuple aussi rebelle qu'Israël, il avait besoin d'une patience exceptionnelle. Face à un homme aussi endurci que Pharaon, il lui fallait des qualités extraordinaires pour résister dans l'adversité. Dieu l'avait donc doté de ce tempérament.

« Et l'Éternel l'entendit. Or, Moïse était un homme fort patient, plus qu'aucun homme sur la face de la terre. » **Nombres 12 : 3**

Votre caractère peut être un indicateur de votre vision ou de votre mission. Certaines personnes ont une facilité naturelle à établir des contacts, ce qui est généralement lié à leur appel. D'autres ont un sens de l'autorité, et l'on peut rapide- ment se rendre compte du leadership qui les attend.

5. Passions

Les choses que tu fais avec passion, que tu aimes faire sans effort et avec facilité et joie, sans murmurer. Là où les autres ressentent naturellement de la honte et de la peur, tandis que toi, tu peux le faire facilement. Tu prends plaisir à prendre des risques. Quelqu'un d'autre qui te regarde pourrait dire : « je ne pourrais pas me lancer dans cette affaire ou activité.

6. Les paroles de vie

Les paroles de vie sont le fondement de ta vie. Elles sont par exemple les Écritures qui captent toute ton attention et influencent ta façon de servir, de prier et de travailler. Elles déterminent ton focus dans la vie. Les paroles qui sont particulières pour toi et que tu comprends différemment d'autres. Tu es souvent attiré par les Écritures qui traitent de l'eschatologie, des prophètes, des richesses, des malades, il faudrait donc comprendre que Dieu veut t'attirer dans cette direction-là. Les paroles qui résonnent souvent dans ton cœur sont de grands indicateurs de ta vision ou de ta mission.

7. Les circonstances de la vie

Ce que tu aimes faire depuis ton enfance ou ce qui remplit ton cœur d'un désir ardent même si tu n'as pas les moyens de le faire ou tu ne sais pas le faire.

Moïse était un libérateur depuis sa naissance et sa jeunesse, il avait déjà échappé à la mer, il avait déjà sauvé un hébreu des mains de l'Égyptien. Interroge ainsi ton enfance, ta jeunesse, tes passions, tes attirances, tes attractions...

Avant de devenir roi, David avait déjà démontré sa capacité à risquer sa vie pour sauver les brebis de son père des lions et des ours. Il avait démontré qu'il pouvait affronter les ennemis d'Israël sans peur. Voir sa bataille avec **Goliath dans 1 Samuel 17.**

Quelques principes de la vision

1. La vision vient de Dieu, car il est le seul qui connaît très bien pourquoi il t'a créé sur terre.

2. Tes actions doivent être motivées par ta vision.

3. Ta vision est souvent en contradiction avec le présent.

4. Celui qui n'a pas de vision est un dépensier et non un investisseur, car il ne voit que son présent.

5. La vision te connecte aux ressources disponibles pour elle. Elle les attire pour son accomplissement.

6. La vision peut être entendue comme voir et percevoir

7. La vision peut être reçue surnaturellement (Daniel, Élysée, Élie, Zacharie) ou naturellement (Néhémie, ...), mais c'est Dieu qui est à la base de tout cela.

8. La vision nous donne accès à notre avenir, mais dans le présent.

9. La vision est la faculté de voir son avenir même avec des détails, mais sans y être physiquement.

10. Dieu te révèle ta vision, mais c'est ta responsabilité d'y travailler, de la planifier, car en cette matière, Dieu veut que nous soyons co-ouvriers avec lui.

11. La vision est la capacité d'imaginer les détails de son avenir, mais dans le présent.

12. La vision te donne la capacité de travailler sur ton futur dans le présent et de la planifier.

13. La vision nous prévient contre le désordre, si tu vois quelqu'un dans le désordre, vous avez

trouvé un homme ou une femme qui n'a pas de vision.

14. La vision est une révélation divine, Dieu qui te connaît te révèle ce pourquoi tu as été créé. Ce que tu es dépend de la vision pour laquelle Dieu t'a créé. Ta forme, ton design, tes qualités ont été commandées par Dieu, par ta destinée.

15. Dieu connaît la raison pour laquelle il t'a créé, mais c'est à toi de chercher pourquoi tu as été créé.

« Ce qui est caché est réservé à l'Éternel notre Dieu. En revanche, nous sommes concernés, nous et les générations suivantes, par ce qui a été révélé, par toutes les paroles de cette Loi qu'il nous faut appliquer. » **Deutéronome 29 : 28 BDS.**

16. La vision et la foi sont extrêmement liées dans la mesure où elles ont la capacité de faire ressortir les choses que nous ne voyons pas en existence.

17. La vision est le carburant de votre des- tinée, sans elle votre parcours vers votre destinée sera ennuyeux, fastidieux et long.

18. Votre vision vous aidera à supporter et à vous sacrifier pour réaliser votre rêve. De grandes réalisations naissent de sacrifices pertinents pour atteindre la destinée.

19. Le visionnaire travaille pour rendre son avenir meilleur, alors que celui qui n'a pas de vision travaille pour rendre son présent meilleur.

20. La vision ne consiste pas à chercher l'argent, mais ta vision attirera les ressources pour son accomplissement et te donnera la satisfaction. Jésus n'est pas venu chercher l'argent, mais il en a eu besoin aussi pour l'accomplissement de sa vision. Nous avons besoin de ressources pour atteindre notre mission.

Chapitre XIII

Rapport entre vision et projet.

Pour la réalisation de ta vision, tu auras besoin de plusieurs projets, qui sont des éléments permettant d'atteindre cette vision complexe. Chaque projet nécessitera une approche stratégique et organisée afin de progresser de manière coordonnée.

Le dictionnaire Larousse définit un projet comme un objectif que l'on se propose d'atteindre, ainsi que l'image d'une situation ou d'un état que l'on souhaite réaliser. Selon Wikipédia, un projet est ce que l'on a l'intention de faire, avec les moyens jugés nécessaires pour mettre en œuvre cette idée, ou encore un travail préparatoire. Vu sous l'angle de la vision, les projets sont donc :

- Une ébauche de ce que l'on a l'intention de faire.
- Les moyens ou ressources nécessaires pour atteindre la vision.
- Les étapes préparatoires pour parvenir à la vision.
- Ils contribuent facilement à la réalisation de la vision.

- Il en faut un grand nombre pour atteindre la vision.
- Tout comme la vision est en nous, les projets sont également en nous.
- Les êtres humains élaborent naturellement de nombreux projets.
- Nous devons recommander nos projets à l'Eternel.

« Car Dieu agit parmi vous, il vous rend capables de vouloir et de réaliser ce qui est conforme à son propre plan. » ***Philippiens 2 :13***

Les conseils bibliques sur les projets

En lisant le livre des proverbes, j'ai remarqué plusieurs passages ou versets qui abordent les projets et leur réalisation. Il est évident que les auteurs voulaient nous transmettre de nombreuses informations et inspirations sur la manière dont nous devrions aborder les projets dans notre vie et notre vision. Car, les projets ont la particularité de nous maintenir attentifs à nos objectifs.

Ils nous permettent de nous focaliser sur ce que nous devons faire de manière spécifique et sur les ressources dont nous disposons pour les réaliser.

C'est là la différence entre celui qui a des projets et une vision, et celui qui n'en a pas. Ceux qui n'en ont pas se dispersent et dépensent leur énergie dans toutes les directions, tandis que ceux qui ont une vision savent quoi faire et quoi ne pas faire. Ils ne s'engagent pas dans toutes les activités productives qui se présentent à eux. Dieu nous donne les capacités d'activer notre volonté, de faire nos choix et de déterminer ce que nous voulons entreprendre, mais il ne s'arrête pas là. Il nous rend égale- ment capables de réaliser ce que nous voulons selon son plan, pour son royaume et en notre faveur. Lorsque nous recevons la vision, nous devons réfléchir au processus et à la manière de l'accomplir. Nous aurons besoin de réflexion pour y parvenir.

« En voyant cela, je me suis mis à réfléchir et j'ai tiré une leçon de ce que j'ai observé ». **Proverbes 24 : 32**

La réflexion n'est pas incompatible avec la foi. Celui qui consacre moins de temps à réfléchir, ou mieux encore, à s'évaluer, échoue souvent face aux défis. Aucun projet ne peut être accompli comme il se doit sans des moments réguliers d'évaluation.

Régulièrement, il est nécessaire d'évaluer les projets afin de pouvoir faire face aux imprévus et aux défis inattendus. L'évaluation régulière permet de s'adapter aux difficultés et aux obstacles.

« Un homme forme de nombreux projets, mais c'est le dessein de l'Eternel qui se réalise. » **BDS.**

« L'homme élabore de nombreux plans, mais seule la décision du Seigneur se réalise. » **BFC.**

« Les humains font beaucoup de projets, mais c'est la volonté du SEIGNEUR qui se réalise » **Proverbes 19 : 21 PDV.**

« Les projets que forme l'homme dans son cœur sont comme des eaux profondes, mais l'homme intelligent sait y puiser. »

« Les pensées de l'homme sont cachées comme des eaux souterraines. Une personne intelligente sait les faire apparaître » **Proverbes 20 : 5**

Pour la réalisation de tes projets, recommande-les à l'Eternel, et ils se réaliseront. Les projets sont des étapes faciles pour atteindre ta vision. Sans les projets, le processus vers l'accomplissement de la vision sera fastidieux et long.

Le cœur de l'homme forme naturellement de nombreux projets, car il a été créé pour être créatif et fécond dans ses idées. Si les projets qui viennent du cœur de l'homme sont inspirés par Dieu, ils se réaliseront tous. Cependant, les projets qui sont dans le cœur de l'homme ne sont pas facilement accessibles. Il faut fournir un effort et travailler pour les ressortir et les concrétiser.

Dieu a déposé des idées et des projets dans le cœur de l'homme, et c'est ta responsabilité d'utiliser ton intelligence pour les faire émerger et les définir en détails. Pour connaître les projets qui se trouvent dans ton cœur, tu as besoin de la révélation, et pour les concrétiser, tu as besoin d'intelligence. Voir **Proverbes 20 : 5**

Quand Dieu vous a dit pourquoi il vous a créé, il vous reste l'intelligence pour ressortir les détails et les faire apparaître à la surface.

Dans la réalisation de tes projets, tu as besoin de l'Esprit et de l'intelligence. Il est important de se rappeler que c'est avec l'intelligence que tu écriras, planifieras et mettras en place les ressources nécessaires pour réaliser tes projets.

Un visionnaire a également besoin de personnes intelligentes pour concrétiser les détails de la vision qu'il a reçue. Moïse avait besoin de Betsaleel pour concrétiser les détails de la vision qu'il avait reçue. Les personnes intelligentes doivent consulter le visionnaire lors- qu'il s'agit de la foi, mais le visionnaire doit faire confiance aux experts lorsqu'il s'agit des détails de l'exécution.

Dieu a placé des conseils pour la réussite de tes projets chez les conseillers ou les experts, il est donc essentiel de les écouter. **Proverbes 15 : 22**[21]

Pour réussir tes projets, tu auras toujours besoin des experts du domaine pour t'aider, sinon tu risques un échec potentiel. **Proverbes 15 : 22**

---

[21] **Proverbes 15 : 22** *« Les projets échouent, faute d'une assemblée qui délibère ; Mais ils réussissent quand il y a de nombreux conseillers. »*

Les conseils et l'expertise t'aideront à gagner du temps et à garantir la réussite, en évitant d'apprendre par les erreurs et les nombreux échecs.

C'est à l'homme de former les projets mais, c'est Dieu qui a le dernier mot ou encore c'est Dieu qui prend les décisions. Proverbes 16 :1[22]

Avant de former tes projets, consulte et cherche le conseil de Dieu, ainsi tu bénéficieras de son soutien et de sa faveur pour leur réalisation. **Proverbes 16 : 3**[23]

Tu ne peux pas séparer tes projets de la foi et de la confiance que tu dois placer en Dieu pour leur réalisation. La réalisation de ces projets dépend de bons conseils et des stratégies réfléchies.[24]

Pour commencer une guerre, il faut bien calculer l'affaire et tu as besoin de conseils. Les projets peuvent être mis au même niveau qu'une guerre à faire, il te faut des armes pour y arriver et des

---

[22] **Proverbes 16 :1 BDS** *« L'homme fait des projets, mais celui qui a le dernier mot, c'est l'Eternel. »*

[23] **Proverbes 16 : 3 BDS** *« Recommande à l'Éternel tes œuvres, Et tes projets réussiront. »*

[24] **Proverbes 20 : 18** *« Lorsque tu fais des projets, prends conseil, et ne te lance pas dans une bataille sans une stratégie bien conçue. »*

soldats (ressources) pour atteindre les résultats, mais tu auras aussi des ennemis contre qui tu combats.

Dans le processus des projets, il est important d'éviter la précipitation et de prendre le temps nécessaire. Celui qui a des plans pour ses projets réussira tandis que celui qui se précipite vivra la pauvreté ou la disette.

L'abondance ou la richesse se planifie alors que la pauvreté est le résultat de la précipitation. **Proverbes 21 : 5**[25]

Le cycle de la réussite est le suivant :

Le processus vers la richesse n'est pas une surprise, mais c'est le résultat d'une vision exprimée par des projets accompagnés d'une planification ou des plans pour leur réalisation.

Lorsque vous avez le même langage et une communion d'intention, il est difficile à Dieu de vous empêcher de réaliser les projets, sinon de confondre le langage. **(Genèse 11 : 6)**

Les projets sont difficiles à échouer lorsqu'il y a une volonté commune et une même intention. Dieu a empêché le projet par la confusion. Dieu a donné à l'homme le pouvoir d'atteindre ses objectifs, peu importe les obstacles, mais il a

---

[25] **Proverbes 21 : 5** *« Les projets de l'homme diligent ne mènent qu'à l'abondance, Mais celui qui agit avec précipitation n'arrive qu'à la disette. »*

aussi des moyens pour empêcher leur accomplissement. L’homme est naturellement doté d’une force pour atteindre ses objectifs.

Pour sauver l’humanité, Dieu avait une vision claire étalée sur des projets qu’il a formés, et il a planifié un long processus avec des étapes précises, sans aucune précipitation. De la domination sur les animaux à la venue de Jésus Christ et sa mort sur la croix de Golgotha, tout a été soigneusement orchestré.

Chapitre XIV

Les défis et les obstacles à la multiplication.

Sagesses inspirées de la fourmi

« Mon fils, si tu as cautionné ton prochain, Si tu t'es engagé pour autrui, Si tu es enlacé par les paroles de ta bouche, Si tu es pris par les paroles de ta bouche, Fais donc ceci, mon fils, dégage-toi, Puisque tu es tombé au pouvoir de ton prochain ; Va, prosterne-toi, et fais des instances auprès de lui ; Ne donne ni sommeil à tes yeux, Ni assoupissement à tes paupières ; Dégage-toi comme la gazelle de la main du chasseur, Comme l'oiseau de la main de l'oiseleur. Va vers la fourmi, paresseux ; Considère ses voies, et deviens sage. Elle n'a ni chef, Ni inspecteur, ni maître ; Elle prépare en été sa nourriture, Elle amasse pendant la moisson de quoi manger. Paresseux, jusqu'à quand seras-tu couché ? Quand te lèveras-tu de ton sommeil ? Un peu de sommeil, un peu d'assoupissement, Un peu croiser les mains pour dormir !... Et la pauvreté te surprendra, comme un rôdeur, Et la disette, comme un homme en armes. » **Proverbes 6 : 1 – 11**

Avec les dettes, tu es sous le pouvoir d'autrui

Celui qui a des dettes s'est soumis au pouvoir d'autrui. Ton créancier a un pouvoir énorme sur tes biens et même tes richesses, car s'il le souhaite, il peut affecter non seulement tes richesses, mais également celles de ta descendance.

Il peut faire saisir tes biens grâce à des procédures juridiques en raison des engagements que tu as pris ou des promesses que tu as faites.

Tes dettes actuelles ont un impact sur ta crédibilité si tu ne les rembourses pas. Elles sont étroitement liées à la confiance ou au crédit que les autres accordent à ton intégrité. Négocie le remboursement de tes dettes en fonction de tes capacités, mais tu ne peux pas continuer à vivre sans les rembourser. Le sage reconnaît que les obligations financières d'autrui peuvent perturber la tranquillité d'esprit, allant jusqu'à souhaiter que ces dettes nous inquiètent même pendant notre sommeil.

Que dire de Dieu lui-même qui est un payeur des dettes, il déclare qu'il n'est débiteur de personne, il est capable de tout payer.[26]

---

[26] **Job 41 : 11** *« De qui suis-je le débiteur ? Je le paierai. Sous le ciel tout m'appartient. »*

Nous pouvons vivre libre et sans dettes. Le paiement des dettes est étroitement lié à notre foi, car le principe de la dette repose sur des promesses ou le respect de la parole donnée. Dans certaines législations, lorsque tu as des dettes, quelqu'un d'autre décide de la gestion de tes biens, de tes revenus ou de tes ressources.

Nous pouvons vivre libre et sans dettes. Le paiement des dettes est étroitement lié à notre foi, car le principe de la dette repose sur des promesses ou le respect de la parole donnée.

Dans certaines législations, lorsque tu as des dettes, quelqu'un d'autre décide de la gestion de tes biens, de tes revenus ou de tes ressources.

Les dettes sont un instrument d'esclavage et de domination

« Le riche domine sur les pauvres, Et celui qui emprunte est l'esclave de celui qui prête. » **Proverbes 22 : 7.**

N'est-ce pas une parole choquante ?

- Le riche est le maître ou domine sur le pauvre.

- Le débiteur est l'esclave du créancier.

- La dette est un instrument de domination et d'esclavage.

Regarde simplement comment nous pouvons devenir esclave ou nous soumettre à la domination de ceux qui nous prêtent de l'argent. Des créanciers connaissent notre vie à tel point qu'ils peuvent inciter les autres à ne pas nous prêter de l'argent. Ils peuvent même décider de la manière dont nous devons vivre et de quoi nous pouvons disposer.

Par exemple, voyez comment les débiteurs sont fichés par le système de notation de crédit dans certains pays, limitant ainsi leurs transactions et permettant aux créanciers de contrôler leurs finances.

N'est-ce pas là de l'esclavage et de la domination ?

Evidemment, si nous comprenons les dettes comme un instrument d'esclavage et de domination, nous ne souhaiterons jamais en avoir !

Au contraire, nous lutterons pour nous en libérer. Le diable utilise les dettes pour nous maintenir sous la domination (maîtrise) de Mamon, ce qui affecte notre vie et notre adoration envers Dieu.

Remarquez que le texte qui parle de l'argent dans **Matthieu 6 : 24**, utilise des termes forts en ce qui concerne Mamon, il est question de servir un maître.

« Nul ne peut servir deux maîtres. Car, ou il haïra l'un, et aimera l'autre ; ou il s'attachera à l'un, et méprisera l'autre. Vous ne pouvez servir Dieu et Mamon. »

Dans ce contexte, partout où il est question de maître, il ne faut pas oublier que celui qui le possède est en quelque sorte l'esclave de ce maître-là.

Un esclave ne sait pas adorer et servir comme il faut, de son propre gré, car tout dépend de son maître, qui peut décider de tout sur sa vie et même l'empêcher de vivre le bonheur.

Celui qui est sous l'emprise des maîtres-créanciers, est effectivement sous leur joug et devient leur esclave.

Ne voyez-vous pas comment les riches impies nous soumettent à leur domination ?

Ils peuvent dicter ce que nous mangeons, influencer les lois qui nous gouvernent, déterminer notre mode de vie et parfois même fixer notre salaire. Ils ont le pouvoir de tout prendre.

« C'est pourquoi, le royaume des cieux est semblable à un roi qui voulut faire rendre compte à ses serviteurs. Quand il se mit à compter, on lui en amena un qui devait dix mille talents. Comme il n'avait pas de quoi payer, son maître ordonna qu'il fût vendu, lui, sa femme, ses enfants, et tout ce qu'il avait, et que la dette fût acquittée. » **Matthieu 18 : 23 - 25**

Un homme a dit que nous sommes sous la dictature de quelques riches, qui influencent les politiques, modifient les lois en leur faveur et affectent tout le système mondial. Ils forment un gouvernement composé de quelques individus. Ce sont les prêteurs les plus importants qui décident de la politique mondiale et de la destinée des pauvres.

Voici quelques actions possibles pour sortir des dettes :

- Fais l'inventaire et chiffre toutes tes dettes.

- Liste les personnes ou les institutions auxquelles tu dois de l'argent.

- Classe ces dettes par ordre de priorité.

- Etablis un plan de remboursement de ces dettes, en fonction de tes possibilités financières. Prie Dieu qu'il te fasse grâce afin que certaines de ces dettes soient remises par sa grâce, et que tu n'aies plus rien à payer. Pense à la remise des dettes par Jésus-Christ, qui a payé toutes nos dettes envers notre ennemi, afin qu'il ne puisse plus rien réclamer.

« Un créancier avait deux débiteurs : l'un devait cinq cents deniers, et l'autre cinquante. Comme ils n'avaient pas de quoi payer, il leur remit à tous deux leur dette. Lequel l'aimera le plus ? Simon répondit : Celui, je pense, auquel il a le plus remis. Jésus lui dit : Tu as bien jugé. » **Luc 7 : 41 – 43**

Une autre définition de la paresse !

« Toi qui es paresseux, va donc voir la fourmi, observe son comportement et tu apprendras la sagesse. Elle n'a ni commandant, ni contremaître, ni chef. Durant l'été, elle prépare sa nourriture, au temps de la moisson, elle amasse ses provisions. Et toi, paresseux, combien de temps vas-tu rester couché ? Quand donc sortiras-tu de ton sommeil pour te lever ? » **Proverbes 6 :6-9 BDS.**

Ce proverbe donne une autre définition de la paresse. Le paresseux n'est pas seulement celui qui ne travaille pas, mais aussi celui qui ne travaille que s'il a un chef, un patron ou un superviseur derrière lui.

La paresse n'est pas seulement le fait de ne pas travailler, mais aussi de travailler mal, pas selon le modèle de Dieu.

Le paresseux est celui qui a toujours besoin de supervision pour travailler.

- Le paresseux est celui qui a toujours besoin d'un chef pour travailler.
- Le paresseux est celui qui a toujours besoin d'instructions, d'ordres et de commandements pour faire quelque chose.
- Le paresseux est celui qui dort beaucoup.
- Le paresseux est celui qui a toujours besoin d'une équipe ou d'aide pour travailler.
- Le paresseux est celui qui n'a pas la notion des saisons.
- Le paresseux est celui qui ne sait pas amasser en tenant compte des saisons.

La fourmi n'a pas de chef, de patron ou de superviseur, mais elle travaille comme si elle devait rendre des comptes. Tu es ton propre chef, ton propre patron et ton propre auditeur ou surveillant. En tant que tel, tu n'as pas besoin d'être surveillé ou instruit pour être actif dans tes activités quotidiennes.

Nous attribuons souvent la puissance aux fourmis en raison de leur esprit d'équipe très développé, mais nous oublions une de leurs plus grandes forces : chacune se considère comme le chef, le patron et le superviseur, et elle n'a pas besoin d'une autre autorité que la sienne pour être assidue, engagée et déterminée.

Sois ton propre gestionnaire, superviseur, auditeur dans ce que tu fais avec ce que tu as reçu de Dieu, de l'institution pour laquelle tu travailles ou du ministère auquel tu appartiens.

T'octroies-tu des largesses ou t'encourages-tu dans la paresse ou les négligences ?

Je suis comptable des ressources que je reçois. Je me surveille, je suis mon propre patron sans qu'il ne soit nécessaire d'avoir quelqu'un au-dessus de moi pour me dire ce que je dois faire chaque jour ou ce que je suis censé faire.

Cela ne signifie pas que nous n'avons pas besoin de patrons, de chefs ou de superviseurs, mais si nous nous gérons nous-mêmes comme tels, nous leur faciliterons la tâche, ils se contenteront de nous donner des orientations générales.

Nous ne devons pas rester les bras croisés, car la pauvreté ne prévient pas lorsqu'elle veut frapper.

Quelques actions

- Je change ma façon de travailler en décidant de faire les choses sans qu'elles me soient demandées, sans instruction, sans ordre.

- Je décide de gérer ma vie en étant mon propre patron, superviseur et auditeur.

Chapitre XV

Écrire la vision et les projets.

« Je me tiendrai à mon poste de garde, je resterai debout sur le fort du guetteur et je guetterai pour savoir ce que Dieu me dira, ce que je répondrai à ma protestation. Et l'Eternel me répondit : Ecris cette révélation, et grave-la sur les tablettes, de sorte que chaque lecteur la lise couramment. Car c'est une révélation qui porte sur un temps fixé, qui parle de la fin et n'est pas mensongère. Si l'Eternel paraît tarder, attends-le patiemment, car il vient sûrement, il ne tardera pas. » ***Habacuc 2 : 1-3. BDS***

Ce que vous oubliez ne vous affecte plus et n'a plus d'influence sur vous.

1. Écrire

Il est important de se rappeler que la mémoire humaine est faillible, ce qui signifie qu'elle peut non seulement oublier, mais aussi perdre les détails les plus importants d'une révélation ou d'une vision reçue de Dieu. Il est même possible d'oublier les idées sur lesquelles nous avons réfléchi ou qui nous ont inspirés lors des moments puissants. Ce que vous ne lisez plus, n'entendez plus, ou ne voyez plus, sera certainement oublié ou perdra ses détails et spécificités les plus importants. C'est pourquoi Dieu a inspiré des hommes pour qu'ils puissent mettre par écrit ses lois et ordonnances, afin que son peuple ne puisse pas oublier sa parole, et surtout ses recommandations.

Que ce livre de la loi ne s'éloigne point de ta bouche... Le livre existe pour que nous puissions le lire, le méditer et agir selon ce qui est écrit. Si Dieu a pris des dispositions pour que sa loi ou sa parole soit écrite et que nous puissions la lire régulièrement afin d'agir selon ce qui y est écrit. Il est clair que si nous ne prenons pas de dispositions pour nos idées, nos inspirations et nos visions, nous allons certainement les oublier, et elles n'exerceront aucune influence ni aucun impact sur notre vie. Dieu lui-même a aussi la culture des écrits, c'est pourquoi il existe des livres dans les cieux où sont inscrits non seulement les noms de ceux qui sont sauvés, mais aussi les œuvres des hommes sur terre.

C'est pourquoi la Bible dit de se réjouir du fait que vos noms sont inscrits dans les cieux.

Luc 10 : 20 Paul ajoute encore que *« et toi aussi, fidèle collègue, oui, je te prie de les aider, elles qui ont combattu pour l'Évangile avec moi, et avec Clément et mes autres compagnons d'œuvre, dont les noms sont dans le livre de vie ».* **Philippiens 4 :3.**

Que dirons-nous encore ? Le temps manquerait pour parler de toutes les références qui renvoient au livre de souvenir[27] , livre de vie de l'agneau[28], le livre que Dieu a écrit...[29]

C'est donc clair que l'écrit est très important parce que :

- Ce qui n'est pas écrit peut facilement être oublié.

- Ce qui n'est pas écrit ne peut pas être lu, et donc relu.

- Ce qui n'est pas écrit n'affecte pas votre Vision.

- Ce qui n'est pas écrit peut-être insaisissable.

- Ce qui n'est pas écrit, a peu d'influence, car vous ne le voyez pas et donc vous ne l'entendez

---

[27] **Malachie 3 : 16** *« Alors ceux qui craignent l'Éternel se parlèrent l'un à l'autre ; L'Éternel fut attentif, et il écouta ; Et un livre de souvenir fut écrit devant lui Pour ceux qui craignent l'Éternel Et qui honorent son nom. »*

[28] **Apocalypse 13 : 8** *« Et tous les habitants de la terre l'adoreront, ceux dont le nom n'a pas été écrit dès la fondation du monde dans le livre de vie de l'agneau qui a été immolé. ».*

[29] **Exode 32 : 31 - 33** *« Moïse retourna vers l'Éternel et dit : Ah ! ce peuple a commis un grand péché. Ils se sont fait un dieu d'or. Pardonne maintenant leur péché ! Sinon, efface-moi de ton livre que tu as écrit. L'Éternel dit à Moïse : C'est celui qui a péché contre moi que j'effacerai de mon livre. »*

presque pas, et il n'y aura pas de foi qui en découlera.

La parole est immatérielle, mais lorsque vous l'écrivez, elle commence à prendre une forme matérielle. À ce moment-là, vous commencez à voir le début de l'accomplissement de la promesse. Lorsqu'elle est sous forme écrite, vous pouvez voir votre promesse (parole), vous pouvez toucher cette parole. J'aime d'ailleurs comment la version Louis Segond rend le premier verset où le prophète, ici appelé également le guetteur dans d'autres versions[30], attendait pourvoir ce que l'Eternel dirait. Il est donc possible, spirituellement, de voir ce que Dieu dira, donc de voir les paroles.

Une pensée devient visible et tangible dès que vous décidez de la mettre par écrit. En la lisant, vous pouvez voir ce qui était dans votre pensée. En la mettant sur un support, vous pouvez également la toucher. Vous pouvez donc toucher votre pensée ou votre parole.

1. Voir ou lire ce que vous avez écrit

Ce que vous ne voyez pas ou ne lisez pas, vous l'oubliez et cela a peu d'influence sur vous.

« Aie soin de répéter sans cesse les paroles de ce livre de la Loi, médite-les jour et nuit afin d'y obéir et d'appliquer tout ce qui y est écrit, car

---

[30] Le même verset dans la version Bible du Semeur.

*alors tu auras du succès dans tes entreprises, alors tu réussiras. » **BDS.***

*« Répète sans cesse les enseignements du livre de la loi et médite-les jour et nuit de façon à observer tout ce qui y est écrit. Alors tu mèneras à bien tes projets et ils réussiront. » **BFC.***

*« Répète sans cesse les enseignements du livre de la loi, redis-les dans ton cœur jour et nuit. Ainsi tu t'efforceras d'obéir à tout ce qui est écrit. De cette façon, tu mèneras tes projets avec succès et ils réussiront. » **PDV.***

*« Que ce livre de la loi ne s'éloigne pas de ta bouche, et médite-le jour et nuit, afin que tu prennes garde à faire selon tout ce qui y est écrit ; car alors tu feras réussir tes voies, et alors tu prospéreras. » **FRDBY.***

Cycle de la puissance de la méditation de la parole ou la loi du succès de Josué.

1. **La puissance de la lecture de la parole, avoir les yeux sur elle.**

Il y a une puissance dans la lecture de la Parole ou des saintes écritures. C'est le point de départ pour recevoir la révélation et la connaissance de Dieu.

Nous devrions décider de commencer à lire les Écritures afin d'être exposés aux secrets, aux révélations et aux messages que Dieu veut nous transmettre. La lecture est le meilleur moyen d'entrer en contact avec la connaissance ou la révélation que Dieu veut nous communiquer.

Quelques vérités sur la lecture

La lecture de la parole de Dieu est la clé du succès. Vous ne pouvez pas entendre la Parole si elle n'est pas lue. Faites de la lecture de la Parole une priorité. Il y a huit bénéfices de la lecture de la Parole de Dieu : Lisez-la tous les jours, cherchez à la connaître, pourquoi pas la mémoriser.

« Il devra l'avoir avec lui et y lire tous les jours de sa vie, afin qu'il apprenne à craindre l'Éternel, son Dieu, à observer et à mettre en pratique toutes les paroles de cette loi et toutes ces ordonnances ; 20 afin que son cœur ne s'élève point au-dessus de ses frères, et qu'il ne se détourne de ces commandements ni à droite ni à gauche ; afin qu'il prolonge ses jours dans son royaume, lui et ses enfants, au milieu d'Israël ». **Deutéronome 17 : 19 - 20**

1. La lecture de la Parole est le premier pas vers la crainte de l'Eternel, la pratique vient ensuite.

« Quand tout Israël viendra se présenter devant l'Éternel, ton Dieu, dans le lieu qu'il choisira, tu liras cette loi devant tout Israël, en leur présence. » **Deutéronome 31 : 11**

2. La lecture de la Parole te prévient contre le fait de t'éloigner de la voie de Dieu. *« Il prit le livre de l'alliance, et le lut en présence du peuple ; ils dirent : Nous ferons tout ce que l'Éternel a dit, et nous obéirons. »* **Exode 24 : 7**

3. La lecture t'assure une longévité dans le ministère *« Dans ce temps, on lut en présence du peuple dans le livre de Moïse, et l'on y trouva*

écrit que l'Ammonite et le Moabite ne devraient jamais entrer dans l'assemblée de Dieu » **Néhémie 13 : 2**

4. Celui qui lit découvre ce qui a été oublié ou caché aux autres. *« Heureux celui qui lit et ceux qui entendent les paroles de la prophétie, et qui gardent les choses qui y sont écrites ! Car le temps est proche. »* **Apocalypse 1 : 3**

5. La lecture de la Parole est un processus conduisant au bonheur.

6. Celui qui lit peut garder les choses qui sont écrites. *« L'Éternel m'adressa la parole, et il dit : Écris la prophétie : Grave-la sur des tables, Afin qu'on la lise couramment. »* **Habacuc 2 : 1 - 3**

7. La lecture est le meilleur moyen de se souvenir des promesses de Dieu. *« Il répondit : N'avez-vous pas lu que le créateur, au commencement, fit l'homme et la femme. »* **Matthieu 19 : 4**

8. La lecture est le meilleur moyen de con- naitre la pensée de Dieu.

Cette lecture se fait de manière particulière, non seulement de manière silencieuse, mais après il faudra que ce que tu lis doit être entendu pour être écouté ou perçu, car la foi vient de ce qu'on entend. Ce que tu entends (perçois) te donne la foi, il faut que la parole soit audible pour te donner la foi. Ce qui ne peut pas être entendu, ne peut pas te donner la foi. Il y a un lien étroit entre la voix et la foi.

2. Écrire comme Dieu

Si Dieu valorise l'écriture ou l'écrit, nous devons le suivre dans la même voie. Au sujet de la vision, demande expressément de l'écrire. Il est étonnant que tu puisses rédiger ton CV, mais que tu ne sois pas en mesure de mettre par écrit ta vision, qui est plus importante que ton CV.

J'aimerais t'encourager à la mettre par écrit, sinon, elle va rester virtuelle, inaccessible et par conséquent, elle ne pourra plus t'influencer. Il est donc nécessaire de sortir ce qui est en toi et de le mettre par écrit. Note que tout ce que tu peux écrire, tu peux le toucher, rendant ainsi ta vision tangible et surtout accessible.

Voici un modèle que je propose pour t'aider simplement à exprimer tes idées, ta vision ou tes pensées sur papier.

Actions

- Prier et écrire ta vision.

- Identifier et écrire au moins 3 projets liés à ta vision.

- Établir une liste des personnes et experts à consulter pour ton projet.

- Établir un planning avec des échéanciers pour le processus de la réalisation de tes projets, y compris pour ta vision.

Modèle pour rédiger sa vision

Vision/objectifs

1. Introduction

Dans cette section, vous décrivez brièvement votre parcours de foi, votre biographie, votre appel et les principales inspirations et prophéties reçues pour votre vie. Vous pouvez également mentionner vos projets de vie.

2. Ton Credo (Ce En Quoi Tu Crois)

- Il s'agit ici de dire ce à quoi tu crois, ce qu'est ta croyance.
- Qui est Dieu pour toi ?
- Qu'est-ce que tu crois en ce qui concerne le Saint Esprit ?
- Qu'est-ce que tu crois que tu es, qu'est-ce que Dieu a fait de toi ?
- Qui tu es?
- Ce que tu crois en ce qui concerne ton conjoint et tes enfants.
- Ce que tu crois ou ce à quoi tu es appelé dans le ministère, dans la carrière.
- Toutes les vérités que tu t'appropries qui sont liées à ta vie ou ta destinée.

3. Famille et relation

- Ecrire ce que tu attends en ce qui concerne ta famille, ton conjoint et tes enfants.
- Quelle femme ou mari je veux avoir, sa race, sa taille, son éducation, son caractère, son background familial.
- Combien d'enfants je veux avoir ?
- Quelle éducation je veux leur donner ?
- Je veux par exemple que mes enfants apprennent à prier eux-mêmes ?
- Instaurer un culte familial
- Ce que je veux que mon conjoint devienne sur le plan spirituel, carrière, quelles sont les aptitudes que mes enfants doivent apprendre.
- Nombre des sorties par semaine, par mois, par année avec mon conjoint et mes enfants.
- Quelles sont les actions à entreprendre pour y arriver

4. Ministère ou appel

- Ce que je vais devenir en ce qui concerne mon appel.
- Ce que je vais faire comme formation ou étude pour perfectionner mon appel, mon don

- Qu'est-ce que tu crois en ce qui concerne le Saint Esprit ?
- Qu'est-ce que tu crois que tu es, qu'est-ce que Dieu a fait de toi ?
- Qui tu es?
- Ce que tu crois en ce qui concerne ton conjoint et tes enfants.
- Ce que tu crois ou ce à quoi tu es appelé dans le ministère, dans la carrière.
- Toutes les vérités que tu t'appropries qui sont liées à ta vie ou ta destinée.

5. Famille Et Relation

- Ecrire ce que tu attends en ce qui concerne ta famille, ton conjoint et tes enfants.

Par exemple je veux acheter une maison de quel montant, dans quel État, dans quelle ville, dans quel quartier.

- Elaborer un plan pour acheter une maison.
- Quelles sont les actions concrètes à mener ?

6. Santé et Forme

- Ce que je veux pour ma santé.
- Quel poids je veux avoir cette année, dans 5, 10 et 20 ans.
- Ce que je veux comme programme de sport ou de fitness, la fréquence de ce programme.

- Ce que je veux combattre comme maladie.
- Ce que je veux comme alimentation, les choses à éviter dans l'alimentation.
- Mon plan de repos et des vacances pour cette année et les autres

7. **Formation**

- Ce que je vais faire comme formation
- Combien de livres je vais lire par mois, année ?
- Quelles études que je vais faire ?

8. Stratégies pour atteindre

Déterminer les stratégies nécessaires pour atteindre ses objectifs.

Elaborer un projet pour chaque aspect de la vie identifié.

Exemple un projet pour les études, pour l'achat de la maison, pour le mariage pour être un peu plus précis par rapport à chaque objectif.

Conclusion

Cette étude a permis de faire la différence entre l'épargne et l'investissement. Le premier peut être considéré comme de la paresse, un gaspillage des ressources, car il n'y a pas beaucoup de sagesse, d'intelligence, de travail ou d'effort pour garder un don, un talent ou de l'argent. Épargner ou garder est le minimum qu'un homme puisse faire de ce qu'il a reçu. Outre le fait que ton épargne est épuisable, elle ne sert qu'à faire face aux crises et non à la vie, elle assure seulement la survie pour demain, mais ne te garantit pas les richesses pour demain.

D'un autre côté, l'investissement, loin de t'assurer seulement ton salaire du futur, t'épargne aussi le travail et l'énergie dans le futur, il te garantit la richesse pour ta postérité et ta progéniture. Ainsi, ta richesse n'est pas ce que tu as épargné mais bien ce que tu as investie. Nous devrions donc avoir une mentalité d'investisseurs plutôt que d'épargnants, pour garantir et assurer une bonne administration et gestion de l'économie du Royaume.

Une des grandes ressources que nous avons grâce à notre travail est le salaire, sa gestion devrait assurer la continuité et la production d'un autre salaire pour toi. C'est le principe du salaire graine. Il vaut donc mieux agir, travailler, investir aujourd'hui pour que demain soit assuré.

Cette culture d'investisseur amène l'homme à se débarrasser de la mentalité du désert, celle de vivre juste en dépendant du miracle alors que la terre est fertile pour produire. Tout consommer, y compris la semence, sans penser qu'il est nécessaire de perpétuer ce que tu as déjà reçu, qui peut se multiplier sans que Dieu n'intervienne particulièrement, car le principe de la multiplication est contenu dans la semence.

Il est donc également important d'avoir la mentalité des cultivateurs, qui ont la notion des saisons, contrairement aux chasseurs qui ne comptent que sur leur agilité, habileté et force. En outre, la mentalité ou la sagesse de la fourmi, qui est son propre auditeur, chef, surveillant est importante pour son indépendance et son autonomie, bien qu'elle ait aussi l'esprit d'équipe. Son esprit d'équipe se manifeste aussi par le fait qu'elle peut travailler en équipe en tant que producteur, chef, auditeur et en donnant ses propres commandements.

L'esprit d'entrepreneuriat à l'instar de Jacob, t'assurera la création et le transfert des richesses et d'intelligence pour ton propre business.

Dieu nous apprend, entre autres, ces principes pour que nous puissions être en mesure d'affronter les moments ou les saisons de notre vie où nous ne serons plus en mesure de travailler comme à notre jeunesse. La loi de la nature ne nous fera pas échapper à la retraite.

Avec l'inflation et la dépréciation, il est clair que tes cotisations seront réduites à seulement 40% de ton dernier salaire, selon plusieurs analystes.

Tu ne peux pas compter seulement sur tes cotisations pour affronter ta retraite ou ta vieillesse, l'investissement est ta meilleure alternative.

Bien que Dieu nous ait donné de ressources énormes et incommensurables pour le Royaume, il est cependant important de noter que nous avons besoin de la grâce de Dieu dans le système de travail et d'investissement. Elle est une faveur imméritée, elle n'est pas proportionnelle aux efforts et au travail consenti. Elle va au-delà de la loi de semailles et des moissons, elle permet d'atteindre des résultats sans moyens proportionnels, elle te donne de semer pour que tu reçoives les résultats non pas en une année ou une saison, mais bien de trois ans ou trois saisons.

Dans le processus de multiplication des richesses et des dons, la vision et l'imagination sont des instruments importants, ils permettent de focaliser et surtout d'atteindre des résultats en s'assignant des objectifs précis et surtout en créant par l'imagination de choses particulières. Pour l'accomplissement de cette vision empreinte de particularités à la suite de l'imagination, il faut beaucoup de projets inspirés par le Saint Esprit.

Il faut noter cependant que les dettes et la paresse sont les plus grands obstacles et défis à la multiplication des richesses.

Loin d'être seulement des instruments d'esclavage et de domination, ils peuvent affecter énormément votre économie, mieux encore votre richesse, peu importe les ressources disponibles.

Pour assurer la continuité, la compréhension et la transmissibilité des visions et projets, il faut bien les mettre par écrit pour ne pas oublier, négliger et ne pas se laisser influencer et affecter. Cette vision consignée sur un support saisissable, visible et tangible rapproche un peu plus de la réalité. Dieu lui-même, en tant que créateur, a consigné sa vision ou sa pensée sur l'homme et le monde par écrit, dans la Bible ou encore dans les livres disponibles pour que l'homme se souvienne toujours et en soit surtout influencé et affecté.

Remarques

En lisant ce livre, on ressent chez l'auteur un désir profond, une volonté de changer le cours des choses, de transformer non seulement son environnement, mais aussi la manière de vivre la vie chrétienne dans le monde.

À cette fin, il fait œuvre de réflecteur de la société et de guide pour les chrétiens, les invitant à prendre conscience des dons et des richesses qui proviennent de Dieu et qu'il a mis à leur disposition pour le bien de l'humanité et leur épanouissement spirituel.

Floribert Gekaya, Assistant en Littérature française, à l'Université Pédagogique Nationale de Kinshasa.

Aujourd'hui, tu peux accepter Jésus-Christ comme ton Sauveur et ton Seigneur personnel.

1. Dieu t'aime d'un amour inconditionnel et ne te condamne pas, en plus d'avoir un plan merveilleux pour ta vie.

" Car Dieu a tant aimé le monde qu'il a donné son Fils unique, afin que quiconque croit en lui ne périsse point, mais qu'il ait la vie éternelle. " **Jean 3 : 16**

" Le voleur ne vient que pour dérober, égorger et détruire ; moi, je suis venu afin que les brebis aient la vie, et qu'elles soient dans l'abondance. " **Jean 10 : 10**

" Car je connais les projets que j'ai formés sur vous, dit l'Éternel, projets de paix et non de malheur, afin de vous donner un avenir et de l'espérance. " **Jérémie 29 : 11**

2. Tu es pécheur et tu as besoin du salut de Dieu.

"Car tous ont péché et sont privés de la gloire de Dieu ; " **Romains 3 : 23**

" Car le salaire du péché, c'est la mort ; mais le don gratuit de Dieu, c'est la vie éternelle en Jésus-Christ notre Seigneur. " **Romains 6 : 23**

3. Il n'y a pas de salut en aucun autre si ce n'est en Jésus Christ. Il est la seule la solution de Dieu

" Il n'y a de salut en aucun autre ; car il n'y a sous le ciel aucun autre nom qui ait été donné parmi les hommes, par lequel nous devions être sauvés. " **Actes 4 : 12**

" Jésus lui dit : Je suis le chemin, la vérité, et la vie. Nul ne vient au Père que par moi. " **Jean 14 : 6**

4. Ta décision de le recevoir par la foi comme Sauveur et Seigneur est primordiale.

" Car c'est par la grâce que vous êtes sauvés, par le moyen de la foi. Et cela ne vient pas de vous, c'est le don de Dieu. Ce n'est point par les œuvres, afin que personne ne se glorifie. " **Ephésiens 2 : 8 - 9**

" Si tu confesses de ta bouche le Seigneur Jésus, et si tu crois dans ton cœur que Dieu l'a ressuscité des morts, tu seras sauvé. Car c'est en croyant du cœur qu'on parvient à la justice, et c'est en confessant de la bouche qu'on parvient au salut, selon ce que dit l'Écriture : Quiconque croit en lui ne sera point confus. " **Romains 10 : 9 - 11**

5. Prière

BOW Media, Atlanta, 2025

www.ingramcontent.com/pod-product-compliance
Lightning Source LLC
LaVergne TN
LVHW010943051026
849532LV00003B/1106